Catalogación en la publicación – Biblioteca Nacional de Colombia

Montealegre Aguilar, Armando
    Estrategias para desarrollar oralidad, lectura y escritura : relatos de vida, yo te
cuento y tú me cuentas / Armando Montealegre Aguilar ; ilustración, Ma. Alejandra
Daza. -- 1ª. ed. -- Bogotá : Editorial Magisterio, 2010.
        p. – (Aula alegre)

        Incluye bibliografía
        ISBN 978-958-20-1029-4

        1. Lectura – Enseñanza 2. Promoción de la lectura 3. Escritura creativa -
Enseñanza 4. Narración de cuentos 5. Juegos de lectura
I. Daza, María Alejandra, il. II. Título III. Serie

CDD: 372.6 20   CO-BoBN– a724941

Armando Montealegre Aguilar

Estrategias para desarrollar oralidad, lectura y escritura

Relatos de vida, yo te cuento y tú me cuentas

Colección Aula Alegre

Estrategias para desarrollar oralidad, lectura y escritura
Relatos de vida, yo te cuento y tú me cuentas

Primera edición 2010
Segunda edición 2011
Reimpresión 2018

Armando Montealegre ©

ISBN: 978-958-20-1029-4

Cooperativa Editorial Magisterio©
Diagonal 36 bis # 20-70 (Parkway la Soledad)
PBX: 3383605
Bogotá, D.C., Colombia.
www.magisterio.com.co
info@magisterio.com.co

Dirección General
Alfredo Ayarza

Editor
Pío Fernando Gaona

Ilustración
Ma. Alejandra Daza

Diseño y Diagramación
Edwin Angel Florian

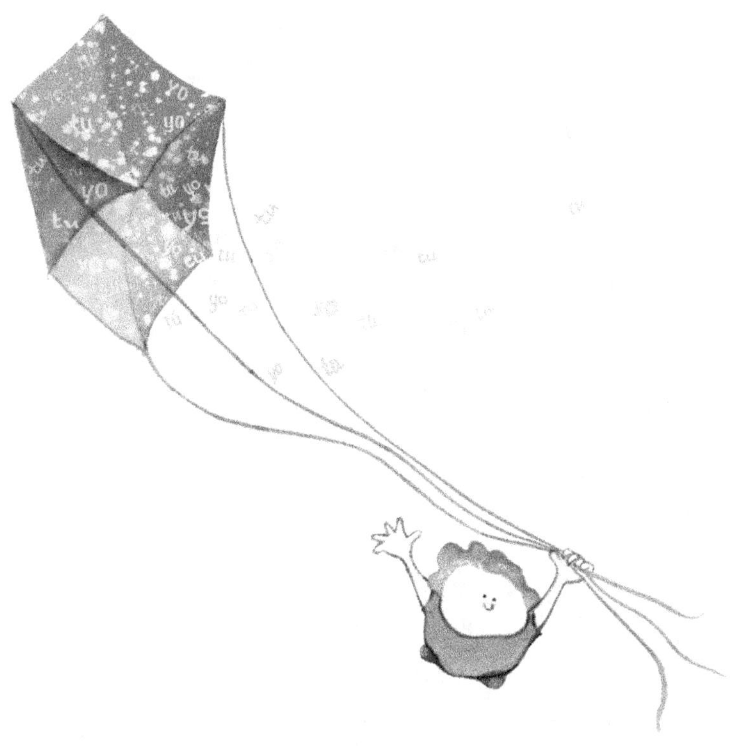

Doy gracias a las voces
que acompañan esta obra,
estudiantes y maestros,
y a quienes las escuchan, también.

Contenido

introducción

Estrategias para desarrollar oralidad, lectura y escritura. Relatos de vida, yo te cuento y tú me cuentas, es una investigación-experiencia llevada a cabo a lo largo de más de siete años como trabajo de aula, en la que se proponen, como fin primordial, unas estrategias para desarrollar la comunicación entre los protagonistas de la educación.

Para que la escuela desarrolle sus procesos educativos requiere una comunicación efectiva. Con esta premisa, y con el propósito de aportar para mejorar la práctica pedagógica en el área de lenguaje, surge la pregunta: *¿qué hace muy bien una persona cuando habla, escucha, lee y escribe?* Tal interrogante y sus posibles respuestas confluyen en otra pregunta: *¿cómo mediante la puesta en práctica de estrategias de relatos de vida en forma oral y escrita, el estudiante desarrolla la comunicación entre él, sus compañeros y el maestro?*

Estas estrategias, fundamentadas en el enfoque Biográfico-Narrativo, al abordar aspectos biográficos de los estudiantes facilitan trabajar con la experiencia humana[1] para lograr la interacción comunicativa

---

1. Clandinin,Jean.D. y Connely,F.Michael (1995). Categorizan conceptos y llaman relato o historia al fenómeno, y narrativa a la investigación. Por eso afirman que la narrativa es la forma de categorizar los fenómenos de la experiencia humana.

desarrollando la oralidad, la lectura y la escritura, evidenciando sus resultados en la construcción del proyecto de vida como personas.

Así, al notar deficiencias en la comunicación de los alumnos, se hizo seguimiento a un grupo en un proceso para depurar aquellas dificultades. Los estudiantes escriben en el tablero y luego en su cuaderno las posibles respuestas a la pregunta dada; se comparten, se discuten y se establecen compromisos personales y colectivos.

El relato de vida en forma oral, como la autobiografía, es una manera de improvisar. El estudiante se presenta mediante la descripción de quién es, cómo es, dónde vive, cómo es su familia, en un tiempo de un minuto, delante del público. La actitud del auditorio es de escucha, y el alumno vocaliza, entona, es coherente, es agradable, mira al auditorio...se coevalúa con el curso. Además, se le pregunta: *¿qué sabe hacer usted muy bien y es excelente haciéndolo?* De otro lado, en escritura, la producción es libre y espontánea. El profesor los incita a jugar con las metáforas, los símiles, la hipérbole. Se revisan aleatoriamente algunos textos, se ponen en común esos escritos.

La oralidad toma estrategias como el relato de anécdotas jocosas, memorables. Cada educando pasa y las cuenta a su manera. Es una acción graciosa, agradable. Los alumnos quieren contar "osos" personales, de su familia, de sus amigos. Y el maestro, para iniciar, les narra también algunas anécdotas. *Yo te cuento, tú me cuentas.* Es decir, se pone como modelo.

La escritura se aborda desde ejes, entre otros, como: *¿qué pasó el día en que yo nací?, ¿cuál es mi podium? y la autobiografía.* Con la primera estrategia el maestro lee su escrito basado en lo que dice la prensa sobre el día en que él nació. Los alumnos acuden a las bibliotecas, a internet, a su álbum familiar, al recuerdo de sus padres y abuelos. Los educandos presentan recortes de periódicos y se conversa sobre los contenidos de esa fecha. Lo fundamental es llevar un hilo conductor del relato de vida en múltiples dimensiones.

El profesor dibuja un *podium* en el tablero, les pide que escojan cinco personajes de su vida, y en orden escriban por qué los ubican allí. La mayoría da el primer lugar a Dios, a la madre. El profesor dialoga con algunos estudiantes: lo privado da paso a una comunicación que va tomando forma poco a poco, paso a paso.

Y con la autobiografía, ahondando más en ese currículo oculto del mundo de los estudiantes, el profesor les da ideas de cómo abordar un relato de vida desde el vientre, cómo enredar la historia mezclada con ficción y realidad enfatizándoles que el día en que ellos nacieron es el más importante de su vida. Hablan de amores, aventuras, comparten sus textos, piden que les escuchen su lectura; de nuevo, lo privado se vuelve público y se disfruta.

Para culminar esta fase, la oralidad se basa en la *autobiografía*: el estudiante se comunica con su compañero más cercano, le cuenta acerca de su vida, y con quien menos ha hablado para intercambiar el escrito del año anterior. Unos hacen cuadros de gustos de su compañero para empezar a charlar, darle sentido a la vida del otro. La misma conversación parte de lo que van escribiendo, pues hay casos en donde se reconstruye la historia si los grupos venían integrados desde años atrás. Hay parejas que se hacen entrevistas, grupos que se escuchan sus textos, y se postulan para pasar a hablar en público. El grado de crecimiento de amistad y compañerismo es notorio, avanzan en cuanto a sus relaciones, son más deseosos de comunicarse y el profesor también, de manera simultánea, los conoce más.

Al escribir *La biografía de mi amigo*, cada joven se convierte en el biógrafo de su compañero. Comparten de manera recíproca los textos. Ellos mismos se candidatizan para pasar y leer ante el público lo que escribieron; hablan muy bien de cada uno, hay imaginación, ficción. Sobresale la actitud de escucha. Se les hace preguntas como: *¿alguna dificultad para escribir sobre su compañero?, ¿cómo han mejorado sus relaciones de ayer a hoy?* Responden que no hay dificultades, que se intercambiaron las autobiografías, que conversaron sobre la vida de cada uno y que las relaciones son muy buenas, incluidos los que se conocieron a partir de este año. Es curioso el tiempo verbal que utilizan los estudiantes, pues sobresale el pasado. Esta estrategia se apoya en el álbum familiar, en el intercambio de fotos.

De manera progresiva se avanza a la creación individual de un escrito sobre, *¿qué estoy haciendo hoy 4 de septiembre de 2020?* Es una forma de despertar y activarles los sueños y ayudarles a dar luces sobre su proyecto de vida ya que así se conocen más entre ellos mismos. Los resultados son también loables, hay confianza, construyen su historia futura e involucran a sus compañeros como empresarios, jugadores de fútbol, con buenas posiciones económicas, sociales, familiares. La evaluación se basa en el diálogo ya que el docente pasa puesto por puesto observando, animándolos a que escriban su visión de personas, y con base en ese recorrido se relacionan en el tablero las profesiones descritas por el grupo para diagnosticar qué predomina. Una gran constante: siempre hay postulantes para leer en público. También conversan entre ellos sobre lo que quieren ser y en el momento de la lectura hay aplausos, risa, ambiente de camaradería, humor, confianza entre ellos mismos. Simultáneamente, el profesor habla con algunos con el propósito de fortalecer las relaciones a partir de la comunicación.

La estrategia se complementa con la pregunta: *¿cómo están hoy en el desempeño de las habilidades comunicativas para mañana ser lo que quieren ser?* Surge la matriz DOFA en la que los jóvenes confrontan el hoy, la realidad, desde todo punto de vista para ser lo que se desea mañana. Esta estrategia permite redireccionar ese gran sueño.

Los resultados se manifiestan, especialmente, en la parte comunicativa del individuo y en la parte formativa. Mediante el relato de vida desarrollan una comunicación que les permite vivir mejor en convivencia, ser más expresivos, más compañeros, aprenden a vivir juntos, mejoran sus relaciones interpersonales, rompen dificultades para comunicarse. Es probable que un mínimo porcentaje aún haga esfuerzos por lograr el objetivo de la pregunta inicial, especialmente en la oralidad (el profesor debe hablar con ellos, con sus acudientes, y establecer compromisos de colaboración). Por otra parte, el nivel de producción escrita garantiza un mejoramiento en la intención comunicativa debido al clima de confianza que se brinda en el aula. Ordenan y organizan mejor la estructura comunicativa para pedir y respetar la palabra, son más seguros al exponer ideas, escriben con mejor uso de la lengua y leen con mayor gusto e interés los textos de sus propios compañeros. El proceso *OLE* (oralidad, lectura y escritura) avanza.

Cabe anotar que el libro presenta un hilo conductor alrededor de un conjunto de estrategias que han sido organizadas con un marco teórico basado en el enfoque Biográfico-Narrativo, con el soporte de la Pragmática y el Aprendizaje significativo como corriente pedagógica. Para ello se tienen en cuenta instrumentos como: el Diario de Campo, registros y cuantificación y análisis cualitativo de la información; además, se acude a obras literarias relacionadas con lo autobiográfico, lo mismo que al cine, especialmente tomando a Charles Chaplin y la historia de vida de una docente. En otros términos, es una experiencia e investigación o viceversa, sustentada y experimentada como un trabajo cualitativo en educación.

Vale agregar que el docente, con estas estrategias, tiene más argumentos ante las instancias pertinentes ofreciendo información acerca de algunos elementos que caracterizan a los estudiantes y que se registran en el Diario de Campo. Hay que resaltar que el relato de vida con estas estrategias es una ayuda didáctica que trabaja con aquello que al estudiante le significa desde el aprendizaje significativo. Así lo demuestran los resultados que apoyan esta obra. Quiere decir, entonces, que el libro es un aporte, una contribución para fortalecer la comunicación en el aula y fuera de ella con base en el relato de vida haciendo uso de la oralidad, la lectura y la escritura. Por tal razón, como impacto social, hay una transformación pedagógica que sirve y contribuye para ayudar a dinamizar los procesos educativos.

Estrategias para desarrollar oralidad, lectura y escritura. Relatos de vida, yo te cuento y tú me cuentas como investigación, experiencia y estrategia, es una iniciativa que nos permite aportar elementos al hacer juicios de valor sobre los estudiantes; si los conocemos más, podremos comunicarnos con ellos mejor y viceversa. Su pertinencia apunta a que estamos en una época de crisis social y la educación, que es un fenómeno mundial —cada país con su singularidad—, se ha encargado de recibir toda esta problemática de las familias y los jóvenes, replicable en adultos, que les impide una comunicación efectiva para un aprendizaje mejor. Por eso, si desde la escuela se brinda un clima de confianza para que los estudiantes comuniquen y se comuniquen y el profesor también haga lo mismo con ellos, entonces docente y estudiante aprenden juntos porque ambos son seres sociales que se comunican en los distintos contextos.

Luego, la pertinencia de esta obra tiene que ver, de manera particular, con las necesidades y partes del universo de la persona para que sea un ser emancipado en un mundo que exige vivir en comunicación, en comunidad. Por tal motivo, el libro se cierra con el *proyecto de vida* para que el educando, teniendo como referente la comunicación, transmita esos sueños, esos anhelos.

En consecuencia, lo que hacen y aprenden los alumnos les significa, y así, de esta manera, estos estudiantes serán mejores ciudadanos ya que la comunicación es la herramienta fundamental para que la escuela les anime su proyecto de vida y los inserte en las exigencias de las altas competencias en oralidad, lectura y escritura.

Armando Montealegre Aguilar

Caja de herramientas

Esta obra parte de una pregunta problémica que orienta todo el proceso llevado a cabo, *¿cómo mediante la puesta en práctica de estrategias de relatos de vida en forma oral y escrita, el estudiante desarrolla la comunicación entre él y sus compañeros y con su maestro al hablar, escribir y leer, y se contribuye para que el docente pueda conocer a los educandos, con el fin de mejorar los espacios de convivencia y de enseñanza-aprendizaje?*

Uno de los problemas que afronta la sociedad del nuevo milenio es la comunicación, dadas las exigencias que desde los Códigos de la Modernidad se hacen al individuo para el siglo XXI: altas competencias en oralidad, lectura y escritura a partir de la comunicación como ser social, ser singular, ser histórico, (sus sueños, anhelos, vivencias, dolores, tristezas, lo que le gusta, quién es, quiénes componen su familia). La experiencia investigativa[2] de este libro aporta a la didáctica estrategias comunicativas articuladas con el relato de vida que pueden tener replicabilidad en cualquier contexto con las innovaciones que el docente

---

2. Por su característica, ésta se inicia como una experiencia en donde el autor simplemente registra aquello que acontece con lo que planea, ejecuta, retroalimenta. Sin embargo, progresivamente la experiencia despierta la curiosidad insaciable en el docente, y es así como poco a poco los registros abren nuevas preguntas, razón por la cual, a partir de ese momento, se vuelve también una investigación sistematizada, documentada, fundamentada, con los instrumentos propios y los resultados que se exponen. Por tal razón, en algunos momentos se le llamará una experiencia investigativa o una investigación-experiencia.

les haga. El profesor cualificará su labor educativa mediante la transformación pedagógica y enriquecerá el campo disciplinar y educativo.

La ruta se enmarca con el propósito de dar oportunidad al estudiante para que se exprese de manera espontánea mediante estrategias comunicativas articuladas con el relato de vida, con el fin de mejorar su interacción comunicativa. Por otra parte, se da vía libre a otro propósito colateral como el de plantear ante la comunidad académica una propuesta comunicativa mediante el enfoque del relato de vida en oralidad, lectura y escritura con el fin de contribuir a conocer mejor al estudiante y para que el aprendizaje sea más significativo.

Lo teórico

Enfoque Biográfico-Narrativo

Esta es una experiencia trabajada desde la investigación cualitativa en educación y como un estudio de caso en el aula. Es una estrategia en educación que acude a historias y relatos de vida (relatos biográficos-narrativos) como formas concretas de procurar la disponibilidad reflexiva a través de la resignificación de la propia vida (Díaz, 2006) y porque la realidad que enfrentamos, la realidad socio-histórica tiene múltiples significados (Zemelman, 2005).

Al abordar en estudiantes de Básica (aplicable en todo nivel) sus relatos de vida por medio de la oralidad, cuando se les pide que hablen sobre quiénes son, cómo son, qué les gusta, cómo es su familia (un concepto muy amplio que quizás muchos de ellos no vivencian, aunque lo conceptúan, pero para algunos la acepción *familia* no hace parte de su realidad por varias razones), qué les gusta hacer, qué saben hacer, y posteriormente los llevan a la escritura por medio de la autobiografía, el podium de sus personajes y otras formas narrativas que leen en forma silenciosa o en voz alta, es allí donde este enfoque encaja y sirve como método para lograr que el docente, a través de la comunicación conozca a sus estudiantes y se propicie un aprendizaje efectivo.

Estos asuntos de carácter biográfico son una valiosa propuesta para la educación (Clandinin y Connelly, 1995), debido a que la escuela cada día aborda problemas más complejos, en salones de clase donde hay muchos caracteres, historias ocultas, ciclos sociales, estilos de vida, vivencias escondidas que a veces –la mayoría– no son tenidas en cuenta para entender y comprender los comportamientos del joven y tal vez, sus incidencias en lo académico, es decir, en el aprendizaje.

Por eso, el papel del docente como animador para que los estudiantes cuenten rasgos de su vida desde la narratología (oralidad con su conjunto de estrategias) y a partir del texto escrito (autobiografía y otro conjunto de estrategias), permite sacar algunas categorías de esas historias para que aquello que parecía privado se vuelva público.

Es válido precisar que este enfoque[3] cualitativo está centrado en historias, narraciones y relatos de la propia experiencia del individuo (Clandinin y Connely, Op.cit.). Estos autores consideran como narrativa: "una forma de caracterizar los fenómenos de la experiencia humana" (1995, p. 12). En otras palabras, es narrar, escribir, contar relatos humanos. Bruner (2000), considera la narración como una de las formas más poderosas del discurso en la comunicación. "Yo amaba a mi papá con un amor animal" (Abad Faciolince, 2007, p. 13).

En el caso de esta obra se acude al *relato de vida* como narración oral y escrita para ser leído: una persona habla o escribe sobre su propia vida. El docente, como observador e investigador, al analizar esos relatos de vida de los estudiantes saca categorías de lo que hablan y escriben. De esta manera se genera en él una actitud o disponibilidad reflexiva (Díaz, Op.cit.) porque lleva a mejorar la comprensión del mundo de estos estudiantes.

Cuando se les invita a escribir la autobiografía y se les da pistas sobre cómo pueden iniciar la hoja en blanco (del nacimiento a hoy o viceversa, o cómo dar saltos en el tiempo verbal e intercalar el pasado con el

---

3. En este enfoque convergen la biografía, la autobiografía, el relato de vida, la crónica personal. Para la experiencia e investigación, se trabajaron estos y otros.

presente), se les está induciendo a volver hacia el pasado y alterar el presente (Bruner, 2000) para construir textos autobiográficos que es como construir figuras del yo (Viollet, 2005, citado por Díaz, p. 13). La narración de una vida por medio del relato permite revisar (Díaz, 2006, p. 15) y repasar los significados de la experiencia vivida.

En este tipo de estrategias hay algo que se debe destacar:

La fuente que proporciona la información es una persona de carne y hueso que tiene tras de sí una experiencia vital que aflora en sus palabras; a través de la palabra hablada se transmiten experiencias, cosmovisiones, luchas, resistencias y acciones cotidianas; es viva porque fluye del contacto de dos agentes, del testimoniante y el investigador, que indaga, siente, oye, se impacta o resiente con lo que escucha [...] Proporciona cadencias, sonidos, entonaciones, variaciones, y hasta silencios que son testimonios elocuentes de los sentimientos, recuerdos y añoranzas, frustraciones y sueños inmanentes a cada existencia humana (Vega, 1999, p. 14).

Y en relación con lo biográfico y autobiográfico, Godard (1995), lo expone así:

Un individuo no es una historia. Se constituye como tal a partir de varias historias. Cada unidad de observación, cada individuo es por lo menos cuatro historias: historia residencial, historia familiar, historia de formación e historia profesional (p. 18).

Con lo anterior se resume lo que pasa en el aula con el relato de vida cuando el estudiante cuenta, provocado, potenciado con el ejemplo del docente. Es un momento registrado por el maestro en su Diario de Campo, que como ser de carne y hueso se sensibiliza y también el auditorio se conmueve (por la narración oral y la lectura) y se logra entrar en el terreno de la confianza, compartiendo estas historias de vida para enriquecer la acción comunicativa.

La pragmática

La Pragmática es la disciplina que estudia el discurso, y la Pragmática Lingüística es conocida como la Teoría de los actos de habla (Austin)[4]. La Pragmática relaciona el decir y el hacer, y como disciplina de la lingüística se ocupa de la lengua en acción, cómo es utilizada en el contexto, en qué factores sociales, en qué ambientes, cuál es la intencionalidad de quien habla.

Austin, en la *Teoría de los actos de habla* afirma que hablar no es solamente informar sino también realizar algo. Por eso, cuando el estudiante habla en público, realiza algo desde el mismo hecho de atreverse a contar, narrar, relatar, hilar un discurso a su manera, según su edad. En consecuencia, la Pragmática nos permite ver la lengua como un proceso comunicativo: cómo se usa la lengua, lo que hace el estudiante cuando habla y los efectos que ese acto comunicativo produce en un grupo que escucha, por la forma como se expresa el hablante, las expresiones y su sentido[5].

---

4. Disponible en   http/:www.monografías.com/trabajos42/semántica-pragmatica/semántica-pragmati-ca3.shtml.Consultado septiembre 21 de 2007.
5. Precisemos unos conceptos: Comunicación: del adjetivo comunis que significa común. Del verbo latino comunicarse que puede traducirse como compartir o tener comunicaciones con otros. Comunicación es la acción y el efecto de comunicar algo o de comunicarse. Y la comunicación es un fenómeno social, es entrar en relación con los demás. Lenguaje es la capacidad que toda persona tiene de comunicarse con los demás mediante signos orales y escritos. Lengua es un sistema de signos que los hablantes aprenden y retienen en su memoria. Habla es el acto personal en el que un hablante emite un mensaje utilizando los signos y reglas que en ese instante necesita. (Fuentes, Juan. La Comunicación, 2005, p. 20)

Por esta razón la Pragmática es una ayuda valiosa para comprender desde el punto de vista disciplinar, cómo el individuo pone en circulación su habla para comunicarse ante un grupo y cómo poco a poco el grupo y el docente lo van conociendo mediante la narración de los relatos de vida.

Van Dijk (2005), plantea: "Una secuencia de oraciones se considera coherente si estas oraciones satisfacen ciertas relaciones semánticas" (p. 25). Es cuando el autor habla de la coherencia pragmática, es decir, "según los actos de habla logrados en la emisión de un texto en contexto ordenado" (p. 27). Lo anterior explica por qué el relato de vida en educación es una herramienta valiosa para conocer las historias de vida de los estudiantes, esa historia de vida que Francis Godard (Op. cit.) interroga sobre lo que realmente es una vida, y hablando de la Pragmática como un descubrimiento del lenguaje común, puntualiza: "Detrás de esto hay un deseo de entender la manera como los individuos piensan la vida, se representan la vida" (p. 9).

Van Dijk considera que el estudio de las emisiones verbales es un asunto de la Pragmática y para ello expone, "Se podría considerar la Pragmática como una de las componentes principales de una gramática que tiene como tarea relacionar la forma, el significado y la función de oraciones o textos" (Op.cit., p. 59). Además sostiene: "Los actos de habla sólo pueden ser actos sociales si se llevan a cabo en un contexto comunicativo, es decir, en un contexto pragmático" (Ibídem).

Al respecto dice Walter Ong (1994), "Leer un texto quiere decir convertirlo en sonidos, en voz alta o en la imaginación [...] La escritura nunca puede prescindir de la oralidad" (p. 17). Y Judith Kalman (2003), corrobora lo anterior, "Escribir un documento trae al mundo el lenguaje, tanto oral –por medio del habla–, como escrito –a través de la lectura y la escritura–" (p. 173). Esa es la función que tiene el lenguaje en este trabajo.

Finalmente, es preciso destacar que el texto escrito de cada estudiante de manera alguna es una pieza literaria, es un producto de escritura que apasiona a su autor y que se pone en contexto. Le ha dedicado tiempo, paciencia, lo ha pulido, le ha hecho correcciones, y se nota una preocupación por hacer un producto lo más estético y literario posible. Al respecto, Larrosa (1995, p. 140), considera que "Toda obra literaria cobija un silencio, una oscuridad…Lo misterioso expresado poéticamente, al conservar su misterio, se conserva como una fuente infinita de sentido". Sintetizando, aquello que es oscuro, misterioso, y está guardado como una historia de vida, adquiere sentido de vida tanto para el autor como para el lector.

El aprendizaje significativo

Esta experiencia se sustenta desde el Aprendizaje significativo como corriente pedagógica de aprendizaje. Esta corriente, según Ausubel, concibe al alumno como un procesador activo de la información en donde el aprendizaje es sistemático y organizado, pues es un fenómeno complejo que no se reduce a simples asociaciones memorísticas (Díaz y Hernández, 1998, p. 18), sino más bien, cómo el estudiante elabora o reconstruye la información.

Al hablar de Aprendizaje significativo hay que tener en cuenta la forma en que el conocimiento se incorpora en la estructura cognitiva del aprendiz (Ibid., p. 20) y para ello, tomando a Ausubel, se resumen los siguientes puntos de este aprendizaje:

- La información nueva se relaciona con la ya existente, no de manera arbitraria ni al pie de la letra.
- El alumno debe tener disposición o actitud favorable para extraer significado a lo que hace, aprende.
- El alumno posee unos conocimientos previos sobre lo que va a aprender.
- El alumno puede proveerse de estrategias apropiadas.

Al relacionar estos aspectos con la experiencia tratada, en el caso oral, es significativo porque el alumno aprende a desenvolverse ante sus compañeros (a temprana edad escolar) desde experiencias de relatos de vida que han marcado su vida. El alumno le da significado a ese recorrido de vida, a las situaciones que más le han impactado y que considera, merecen ser contadas. Lo mismo sucede cuando escribe la autobiografía o desarrolla otras estrategias.

Y como estrategia activadora (provocadora) por parte del docente, son las preguntas que aparecen en el enfoque Biográfico-Narrativo: ¿quién soy?, ¿para dónde voy?, ¿qué me gusta hacer?

El Aprendizaje significativo sustenta esta obra porque incluye el estado de motivación y actitud de quien aprende o se interesa por aprender. ¿Qué es lo que se busca que el estudiante aprenda? Que aprenda a comunicarse, que desarrolle esas ideas previas, las transforme y que adquiera fortalezas en oralidad, lectura y escritura. Por ello, el material debe estar muy relacionado con su vida (álbum familiar, periódicos, revistas del día en que el estudiante nació para hacer significativa esa fecha de su nacimiento, conversaciones con los padres, familiares y otros).

La escuela es un espacio en donde el alumno encuentra las condiciones para vivenciar, con su actitud y motivación, esas experiencias de vida, de hogar, de familia. Por medio de este aprendizaje perdura más aquello que ha sido aplicable a la vida cotidiana, en este caso la oralidad como relato de vida y la autobiografía con sus diversas estrategias como texto escrito porque allí se ponen en juego una serie de relaciones que permiten conocer al alumno. Y el papel del docente consiste en que los estudiantes, "desarrollen un verdadero gusto por la actividad escolar y comprendan su utilidad personal y social" (Ibid., p. 34).

Con todo lo anterior se pasa a la metodología propuesta[6]:

- Es conveniente determinar un estudio de caso para lo cual se selecciona un curso, grado o nivel.

- Muestras seleccionadas teniendo en cuenta cada una de las estrategias.

- Aplicación de la experiencia en horas de clase y establecer un tiempo desde que se inicia hasta que se concluye.

- Instrumentos de registro por parte del docente: el Diario de Campo y otros instrumentos aplicados.

- Otras muestras seleccionadas: las que establezca el docente como otros participantes, si lo desea.

---

6. Para este libro se recopiló información de estudiantes de Básica Secundaria, universitarios y una docente pensionada. Gran parte de la experiencia e investigación se realizó con tres grupos de estudiantes del grado octavo del colegio Luis Carlos Galán Sarmiento, IED, de Bogotá, Colombia, durante tres años consecutivos. A todos mi gratitud, de manera especial, al Colegio Luis Carlos Galán Sarmiento.

Los instrumentos

Lo primero que uno se pregunta es: ¿por qué y para qué unos instrumentos en una experiencia investigativa? Fundamentalmente, para registrar lo que el docente investigador hace día a día. La escritura es memoria. Y además, cuando se inicia un proceso sustentado, argumentado con unos soportes teóricos, pedagógicos, metodológicos, hay que evidenciar la forma como se registra la información.

El papel del docente pasó de ser exclusivamente maestro para hoy ser un maestro investigador. Y ese es uno de los aportes de este trabajo: fomentar en los educadores la cultura del registro de lo que pasa en el aula, fuera de ella, en la vida del estudiante, en la vida del maestro, por ser una experiencia cualitativa en educación.

A continuación se relacionan algunos de esos instrumentos:

Rúbrica:
oralidad, lectura y escritura

Para sistematizar la experiencia con los grupos seleccionados, el docente inicia el proceso con base en un cuadro sobre las habilidades comunicativas en el que se responde con el curso la siguiente pregunta: *¿Qué hace bien una persona que es excelente cuando habla, escucha, lee, escribe?* El profesor y los estudiantes llenan la casilla de cada habilidad, y así, salen respuestas como éstas: modula, entona, vocaliza, se hace entender, se hace respetar, es agradable, utiliza el lenguaje gestual, hace uso de un vocabulario adecuado, escucha con atención, hace preguntas sobre lo que dice el expositor, se concentra, respeta la palabra, comprende lo que lee, imagina la lectura, dialoga con el autor, sospecha, se anticipa, escribe lo que piensa, usa buen vocabulario, aplica la ortografía, es creativo, inventa historias.

Para eso el docente crea este instrumento con el fin de que cada estudiante se autoevalúe. Es una rúbrica en la que se establecen puntajes para cada habilidad comunicativa con el fin de que el educando, en actitud reflexiva y toma de conciencia, se autoevalúe y diagnostique cómo se encuentra frente a sus competencias comunicativas. Y desde luego, también sirve para confrontar los avances finales.

La idea es que el estudiante lleve este registro desde el primer día de clases, y continuamente, junto con el docente, revisen los avances y se haga la retroalimentación necesaria. La rúbrica puede ser adaptada por cualquier docente en el espacio académico que considere pertinente hacerlo, mejor, de manera interdisciplinaria. Por tal razón, el siguiente instrumento es el punto de partida sobre la propuesta del relato de vida.

¿Qué hace de manera excelente una persona cuando se comunica?

Propuesta de rúbrica para evaluar las habilidades comunicativas

¿Cómo hacerle un seguimiento evaluativo al desarrollo de las habilidades comunicativas? ¿Cómo demostrar el alcance y los avances de las *competencias*? Si se habla de *competencia*, este concepto tiene que inscribirse dentro de un enfoque, y uno de mayor pertinencia es el *sistémico complejo* (recomiendo leer a Sergio Tobón). Desde este enfoque se sugiere trabajar con rúbricas, rejillas, módulos, proyectos formativos con base en los pilares, *ser, hacer, conocer, convivir*. Para este documento sugiero trabajar con puntajes de 1 a 5 con el fin de obtener un total de 100 puntos.

No.	Escucha	Puntaje	Oralidad	Puntaje
1	Respeta el uso de la palabra cuando alguien expone ideas ante usted o ante el público.		Es claro y coherente al exponer ideas porque vocaliza, entona y pronuncia correctamente.	
2	Organiza y transforma la información con su atención cuando alguien habla.		Es espontáneo y natural al exponer ideas ante un interlocutor o ante un auditorio.	
3	Es educado cuando alguien habla.		Hace uso del lenguaje oral, gestual y postural de manera respetuosa y adecuada.	

4	Es educado porque sabe pedir una aclaración, moción o formular preguntas.		Tiene dominio del auditorio porque argumenta, ejemplifica, explica, narra y propone.	
5	Contribuye con el orden cuando varias personas hablan al mismo tiempo.		Tiene dominio de los recursos utilizados para exponer ideas.	
	subtotal		subtotal	
	Lectura		**Escritura**	
1	Recuerda, nomina, describe detalles y las ideas principales de un texto.		Elabora escritos con la intención de comunicarse con claridad, coherencia y cohesión.	
2	Hace deducciones, inferencias o conjeturas del texto leído saliéndose del mismo.		Hace uso apropiado de la ortografía cuando escribe diversas clases de textos.	
3	Relaciona lo que lee con otros textos que ha leído.		Hace uso correcto de las normas gramaticales y de las técnicas de presentación de trabajos escritos.	
4	Hace consideraciones, apreciaciones o críticas sobre el texto leído.		Hace uso correcto de los signos de puntuación.	
5	Hace lectura oral y silenciosa y se hace preguntas incorporando lo leído a su vida.		Respeta la ley de derechos de autor al no incurrir en el plagio.	
	subtotal		subtotal	
			Total	

Diario de Campo

El Diario de Campo es un instrumento que utiliza el investigador –en este caso una investigación-experiencia cualitativa en educación– para registrar hechos y acontecimientos, información que será interpretada, analizada y sistematizada por el investigador como insumo para su trabajo.

El Diario de Campo tiene diferentes formas de llevarse; lo importante es que el registro sea fiel a una realidad y su escritura se da por medio de gráficos, mapas, redes, ilustraciones, frases y lista de palabras clave. Ahora bien, es un *diario* porque su objetivo es precisamente registrar el día a día sobre aquello que interesa al investigador, y se refiere a *campo* porque se usa según el ámbito en que se desarrolla la investigación.

El Diario de Campo permite inferir, reflexionar, conjeturar, ampliar información y recordar con claridad los hechos o detalles. Para esta experiencia, el autor lo llevó en un cuaderno que llamó *Diario de Campo, lo que escriben los niños, autobiografía*. Escribe la fecha, hora, curso, asignatura, y aclara si es reflexión, observación o entrevista. Narra lo que sucede.

Muchos se preguntarán: ¿en qué momento escribe si dicta clase, si orienta un espacio académico? El maestro con intención, actitud y aptitud investigativa, curiosidad insaciable, disciplina y tenacidad, se las ingenia para que se escriba en el instante en que suceden las cosas. Después se pierden detalles, es probable que pierda fidelidad porque aparece la interpretación, las deducciones y se necesita narrar literalmente.

Posteriormente, es conveniente estructurar el discurso, reorganizar las ideas, pero en el primer encuentro con la experiencia hay que describirla. Los documentos tomados evidencian que en ese momento la escritura es una gran compañera, aunque en algunos casos las ideas estén sueltas, sin conexión. Una niña, cuando me vio escribiendo, me dijo, "El profe debería escribir un libro sobre nosotros y participar en el Premio de los Maestros".

Institución educativa Proyecto educativo Espacio Académico	
Diario de Campo del profesor Armando Montealegre A. Tema o título de la investigación o experiencia: El relato de vida: primera fase	
Observación X Entrevista ________ Reflexión ________ Registro No. 10	Fecha: 09-05-07 Hora: 3ª. Curso – grupo: 01 Asignatura: Humanidades
Descripción	Categorías o deducciones
El tema es: juguemos a la metáfora. La idea es diferenciar la metáfora, la hipérbole, el símil. Yo les escribo: tus ojos color de cielo agradan mi día; tu piel es tan suave como el algodón. Esa es mi propuesta para entrar en el concepto de figura literaria. Les sugiero que le escriban al mar, a la boca, los labios, el amor, la luna, el agua, la vida, el despecho, los celos. Vienen hacia mí, me muestran sus escritos, me leen, me llaman al puesto. Se foguean con figuras y frases que ellos mismos crean. Una voz dice muy duro, "¡Eso no es una	•Hay gusto, interés por redactar, por hacer más allá de lo que está en el tablero. •La explicación que activó la acción fue muy clara. •Los ejemplos fueron tomados con sentido de humor por los estudiantes y ellos dieron respuestas con otros más elaborados. •Entre ellos mismos se intercambian resultados, se comunican entre sí para verificar sus escritos. •La experiencia induce a un nivel de participación de ciento por ciento, todos elaboran sus ejemplos sin que se les presione, con actitud de hacer las cosas bien desde el comienzo.

<table>
<tr>
<td>

metáfora!".Escriben y entre ellos se comunican, se leen, discuten, se muestran sus trabajos.
Algunos pasan al tablero y escriben frases maravillosas salidas de su interior.

</td>
<td>

- El nivel de redacción, en cuanto a forma y fondo es muy destacado.
- Hay invención, creatividad, ingenio.
- Importante: hay comunicación, oralidad, lectura y escritura dado por un clima de confianza en el aula.
- Hay reconocimiento entre ellos mismos.

</td>
</tr>
</table>

En esta observación, el autor, teniendo en cuenta a Elssy Bonilla y Penélope Rodríguez (2005, p. 233), acerca de este mecanismo para obtener información, da cuenta de que el registro fue tomado directamente a medida que transcurrían las acciones en donde el observador es un participante, pues está con los estudiantes: mientras ellos trabajan, el investigador los observa, interrumpe su transcripción, dialoga con ellos y la observación se desarrolla en el transcurso de las clases.

Encuesta y atención a padres de familia

La encuesta es un instrumento que permite obtener información, clasificarla, tabularla, con el fin de orientar al investigador en la búsqueda de aquello que le guíe sus propósitos. Además, es fundamental elaborar las tablas y las gráficas que representen esos resultados para luego hacer el análisis cuantitativo y cualitativo.

Un ejemplo, en el caso experimentado de la encuesta aplicada a los padres de familia de los tres grupos seleccionados, diligenciada y sistematizada por medio de la cual se evidencia la inserción del padre de familia en el proceso comunicativo, es el siguiente, consolidando los tres grupos:
Tabla 1: consolidado de los tres grupos

No.	Pregunta o enunciado	Sí	No
1	¿Ha notado que su hijo ha mejorado la comunicación oral?	85	15
2	¿Sabía usted que en clase de habilidades comunicativas su hijo está escribiendo su autobiografía, es decir, la vida de él o de ella?	76	24
3	¿Usted le ha ofrecido ayuda, colaboración a su hijo, hablándole y ofreciéndole información para que escriba su autobiografía?	61	39
4	¿Sabía usted que su hijo escribió en clase un ideal, un sueño, una meta diciendo cómo se ve él en el año 2020?	52	48
5	¿Usted está dispuesto a apoyar el proyecto de vida de su hijo desde hoy para que sea realidad en el 2020?	96	4

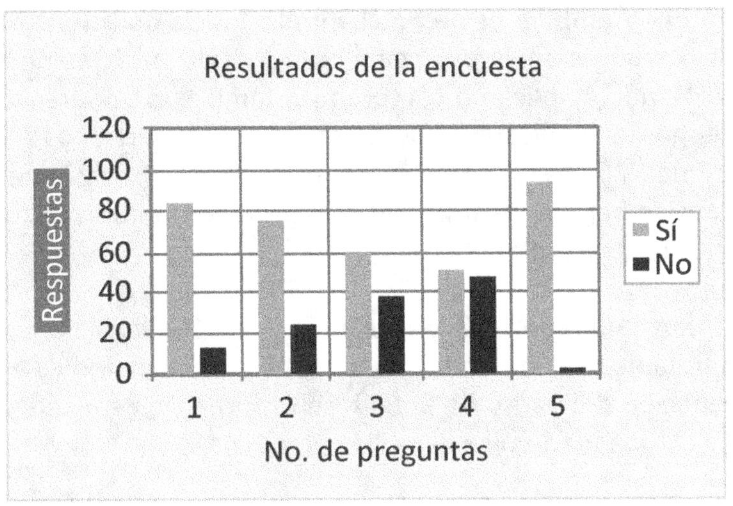

Gráfica 01: consolidado de los tres grupos

 Se concluye, entonces, que a pesar de que el 96% quiere apoyar el proyecto de vida de su hijo, aún desconocen algunos detalles o aspectos que se dan en la escuela como son las preguntas 2, 3, 4. Lo anterior quiere decir que aunque se han hecho esfuerzos por mejorar la comunicación de los estudiantes en la casa, todavía falta más compromiso del padre de familia por enterarse qué hace el estudiante en la institución en relación con su proyecto de vida, especialmente. Puede suceder que esa situación se da porque el educando no informa a su familia.

 De la pregunta 4 se puede inferir que el padre de familia no hace parte de la construcción de ese sueño del hijo, bien sea porque su interés sea darle el bachillerato solamente, porque la situación económica no da para pensar en ese proyecto de vida, o porque le puede dar cierto complejo al saber que no puede colaborarle al estudiante en esa meta.

La pregunta 3 también es de mucha importancia porque el hecho de ofrecerle colaboración, información, al hijo o hija para que documente su autobiografía, implica un compromiso familiar, de padres, de pareja. A lo largo de la investigación-experiencia, son varios los niños que destacan más a la mamá como su voz de apoyo; por consiguiente, hay un porcentaje bajo de estudiantes que obtuvieron información sobre su vida por parte del padre.

El grupo con resultados más destacados es el 02, lo cual no indica que hay una notable diferencia con los otros. Aquí la cuestión es estimular la participación del padre de familia en los procesos educativos de su hijo. Y de alguna manera se cumplió.

El relato de vida como estrategia comunicativa también aborda la participación del padre de familia o acudiente, en el caso de la Educación Básica y Media. ¿Por qué? Estos años son muy difíciles para los jóvenes por los diferentes efectos que tienen en ellos la sociedad y sus conflictos, la tecnología, la cultura efímera que ellos viven y la moda pasajera, y por supuesto, otros efectos colaterales como la misma inseguridad, la vida sexual, la pérdida de los valores y la aceptación de unos clisés o estereotipos que atentan contra la formación y los esfuerzos de la escuela.

Muchos de estos jóvenes tiene comportamientos de silencio en la casa o en la misma institución educativa, razón por la cual, con el relato de vida, lo que se haga desde las aulas para despertar en ellos esa actitud de confianza e interacción, es necesario ampliarlo a la familia, al hogar, con el propósito de medir avances en la comunicación y en la relación padre-hijo.

La escuela vive momentos muy críticos a escala mundial, y en cada país con su particularidad. Por eso, es necesario repensar la educación, repensar el país para construir un mejor ambiente escolar en donde se conviva sin violencia escolar —la escuela nunca enseña la violencia pero el niño la aprende, ¿cómo?, ¿de quién?, ¿cuándo?–, donde la escuela no tenga que ser la despensa de todos los males de la sociedad, de las malas economías, de la política corrupta, de la desigualdad, del mundo de los jóvenes inmersos hoy en unas culturas juveniles a las que la sociedad estigmatiza.

Requerimos un mundo en donde a cambio del insulto, de la agresión verbal, de la exclusión social, reine la armonía familiar, que la comunicación no se genere a través de los medios de comunicación en forma alienante, sino por el encuentro familiar entre padres e hijos.

Para tal fin, esta obra también se extiende a ese estamento de los padres para establecer esos avances formativos. La participación del padre de familia es muy valiosa en los procesos educativos. Ellos asisten a las reuniones, a las citas con los docentes cuando estos lo requieran. No se trata de asistir solamente a la reunión de entrega de boletines. Es necesario que el padre de familia se inserte en las labores educadoras y educativas de sus hijos.

Como evidencia se expone el encuentro con una madre de familia en el que el registro se hizo de la siguiente manera:

Abril 22 de 2008
Grupo 02

Hoy, en atención a padres hablé con una mamá de una niña a quien no le fue muy bien en el primer período. Me contó lo del lugar donde vive el hermano menor, a 15 horas de Bogotá. Que ella le tiene en su casa a la niña de todo, le da de todo pero que si no rendía en el estudio, la iba a llevar de nuevo al pueblo.

Me habló de la música que escucha la niña, se la pasa en eso y no ayuda a hacer nada en la casa, a pesar de que dice que a ella no le gusta nada. Concluimos que la niña vive en un estado de rebeldía con ella, que le gusta llevarle la contraria. Algunas de las cosas que me cuenta coinciden con lo que la alumna plantea en la autobiografía y en el proyecto de vida. Le sugiero no chocar, evitar la confrontación con menores por muchos factores y me comprometo a colaborar para que las cosas mejoren tanto en el colegio como en la casa.

Diapositivas para la exposición

La exposición es una de las técnicas de hablar en público que requiere más preparación. Atendiendo a las normas establecidas para hacer este tipo de trabajo oral, los estudiantes pueden utilizar el retroproyector o en algunos casos la diapositiva en computador para exponer ante sus compañeros. Así, el aula se prepara de tal manera que el auditorio y expositor puedan comunicarse, apoyándose en la cultura proxémica.

Los alumnos aplican la técnica expositiva con base en unas pautas dadas por el docente: narrar, comentar, explicar, argumentar, tener suficiencia o dominio y seguridad de lo que se dice, conectarse con el auditorio, usar lenguaje verbal y no verbal, ser autoridad, ser claro, conciso, coherente, hacer interesante lo que expone, seguir la ruta de la diapositiva y usar bien los recursos y el tiempo.

Es de destacar también la actitud de escucha y la respuesta que cada estudiante da a su compañero: un aplauso emotivo, de apoyo, que comunica afecto, fraternidad, compañerismo, confianza.

Hay casos en que los expositores manifiestan sensibilidad acompañados de lágrimas. Es como llorar para desahogarse, para dedicarle ese proyecto al padre que está en el Cielo, a la mamá a quien quieren comprarle una casa, corresponderle por tanto esfuerzo: poner en público sus sueños, sus metas les causa emoción y a veces inseguridad porque el anhelo no se ve tan claro. Aquellos estudiantes que manifiestan esos estados de ánimo, de alegría, de sacrificio, son animados por sus compañeros.

Como estrategia evaluativa se sugiere el siguiente instrumento o rúbrica:

Dominio del tema.
Impacto.
Seguridad.
Ubicación apropiada en el escenario.

Lenguaje apropiado.
Lenguaje no verbal.
Es convincente. Es autoridad al hablar.
Se conecta con el público.

Expositor

Diapositivas claras, sin exceso de texto.
Ortografía. Se nota planeación,
preparación de la exposición.

Narra, explica, comenta. Ejemplifica.
No lee. Comprendió, interpretó
su trabajo.

Evaluación
Juicio valorativo
(es libre de dar los puntajes).

Presentación personal. Concreción en
el tiempo. Buen uso de los recursos.
Se comprendió lo expuesto.
Enriqueció la clase.

Un ejemplo de diapositiva:

Cuadernos

El cuaderno es un instrumento de registro de las actividades escolares. Siempre es considerado por el autor de esta obra como un borrador, como el medio que sirve para rememorar, reescribir, releer. A lo largo de la experiencia desarrollada el autor se da a la tarea de escanear algunas muestras del uso del cuaderno como medio de registro. Hay que recalcar que el cuaderno es la primera obra del educando, y no debe descartarse nunca como prueba fehaciente de lo que se hace. Allí se plasman las primeras vivencias que más tarde se convierten en fuentes documentales de gran valor tanto para el docente como para el mismo alumno.

Algunas evidencias son las siguientes (así están en el cuaderno):

...llegó mi mamá y me pegó una cachetada muy duro yo me puse a llorar y cuando me iba a coger yo salí a correr, ya eran como las 5:00 de la tarde. Me fui y me metí debajo de una buseta Eran como las 7:00 de la noche y cuando el señor la iva a prender una señora dijo que havía un niño debajo de la buseta yo ya estaba durmiendo y la señora me llamo y yo desperté y ella dijo que parecía que yo estaba muerto, la señora de la tienda me conocía y me llevó a donde mi mama. Ella le dijo que no me pegara.[...]luego llegó mi padrastro y me dijo que le pasara la niña (hermana)...Ese señor cojió y me pegó un puño en la cara y me reventó la nariz...Mi mama me limpió y le dijo a mi padrastro que no fuera abusivo. Desde ese día yo y mi padrastro nos tenemos bronca...[...]

Por. Amigo

Cuando yo era pequeñita iba a viajar a muchas partes como, Cartagena, Girardot, San Andrés y muchas partes más. Me compraban muchas cosas, como muñecas, maquillaje y más, mis favoritos eran los peluches, tenia uno que se llamaba Pepito, yo lo quería mucho era mi peluche favorito...A los pocos días de nacida me compraron una cuna muy bella, me gustaba tanto que hasta desayunaba ay.

Por. Alegre y sincera

Yo.....en este momento va a empeza mi trágica y amarga vida...a los 3 meses mi madre medejo con mis abuelos...Mi primer problema fue cuando me pusieron en la cara una tapa de esas de las casetas y miojo izquierdo me quedó morado como un pirulito...

Por. Recordado

Entrevistas

En la investigación cualitativa es muy importante la grabación de las voces de las personas involucradas. Grabar significa tomar de viva voz, de fuente primaria la información que el investigador requiere para enriquecer la documentación, la fundamentación de su trabajo. "Puede usarse como un medio de evaluación o valoración de una persona en algún aspecto" (Cohen y Manion, 1990, p. 377). En el caso tratado tuvieron la categoría de entrevista formal, "En la que se realiza un conjunto de preguntas y se registran las respuestas en un programa normalizado" (Ibídem.)

Para ilustrar esta experiencia se ponen en contexto dos entrevistas, la de un estudiante y otra del docente con el fin de relacionar la información obtenida con los relatos de vida. Así, por ejemplo, la estudiante que se tomó como muestra perfila sus respuestas hacia aquello que dé pruebas de que el relato de vida mejora la comunicación entre el docente y sus estudiantes, entre los mismos estudiantes, entre el docente y los padres de familia. Y la docente aportó elementos extraordinarios en su misión de educadora y un historial anecdótico acerca de su vida laboral.

Entrevista estudiante

Observación Entrevista ___X____ Reflexión ________ Registro No. 11	Fecha: 26 - 11 -2008 Hora: 4. Curso – grupo: 02 Asignatura: Humanidades
Descripción	Categorías o deducciones
- P/. Buenos días. - R/ Buenos días. - P/: ¿Cuál ha sido el avance suyo en el campo comunicativo? - R/: Principalmente, en el aspecto personal, por mi proyecto de vida; más que una clase, es la base esencial para la vida. - P/: ¿Cómo lo ha aplicado en su vida? - R/ Lo aplico como persona emprendedora, para pensar en mí y en mi familia. Quiero cada día ser mejor, querer es poder y sé que lo voy a lograr. - P/: ¿Cómo es la comunicación en su vida escolar y en su casa? - R/: Me gusta charlar con personas no de mi misma edad, sino mayores; mientras más mayor sea la persona, más madura es. Me considero bastante madura. Soy muy comunicativa en mi casa, en mi salón. Con mi familia nos	- Nivel de madurez. - Claridad en el proyecto de vida. - Emprendedora. - La clase es una vivencia. - Aplica lo que aprende en el diario vivir. - Sentido de autoestima. - Sentido familiar. - Valores y principios. - Tiene comunicación con sus compañeros y con la familia. - El tiempo no es el suficiente para comunicarse en casa. - Aprovecha el tiempo a cada instante, lo vive. - Principios religiosos, creyente, considera que hay un ser superior. - La vida es maravillosa a pesar de las dificultades. - Tiene convicciones acerca de lo que quiere lograr.

vemos muy poco tiempo, pero me gusta aprovechar ese tiempo.

- P/: ¿Qué es para usted la vida?

- R/: Es un regalo grandísimo de Dios, es sonreír, es hacer las cosas en el momento en que se tienen que hacer. Es una mezcla de vivencias, es una maravilla, tiene dificultades, problemas pero es lo que se tiene que vivir. Algunos tienen más comodidades que otros.

- P/: ¿Qué hay de su proyecto de vida?

- R/: Quiero construir algo eficaz, las bases firmes harán que ese proyecto sea una realidad. Mi proyecto es una vida estable, para mí lo máximo es aprender de todo un poco.

- P/: Tres cosas materiales que le llamen la atención.

- R/: Un peluche que me regaló mi papá; mi celular, lo conseguí con esfuerzo, trabajando; mi cama, hace poco compramos la cama.

- P/: ¿Se divierte?

- R/: Bailo, me comunico, escribo.

- Hay cosas materiales que son importantes en la vida de uno, en este caso, el regalo del padre, lo que consigue uno mismo con esfuerzo y lo que se consigue para mejorar la calidad de vida de la familia.

- Hay satisfacción por el nivel de comunicación, por las diversiones sanas y propias de la edad.

Entrevista a docente

Entrevista a Graciela González, quien se retira como Docente del Distrito Capital (Bogotá, Colombia), después de 36 años como educadora. El propósito de esta entrevista es poner en común una de las tantas formas de sistematizar –como investigación social– ese diálogo con la experiencia y con la escuela, escenario de anécdotas, para inferir qué huellas deja en la docente y desde luego, qué entrega la maestra, en ese largo recorrido como educadora.

Entrevistador: ¿Cómo fue ese primer día de clase como maestra del Distrito Capital?

Entrevistada: Cuando me nombraron me dijeron, "Va para la Escuela El Tunal". Después regresé a la Secretaría porque no encontré la escuela. Allí estaban unos campesinos que dijeron, "Ella es la profesora de El Bajo Tunal". Yo les dije, "Sí, pero no encontré la escuela". Me respondieron, "Queda en Sumapaz". Imagínese. Cuatro horas en bus, cuatro a caballo. Año 1972.
Llegamos a San Juan de Sumapaz, gastamos en flota cuatro horas, desde Usme. Cuando monté en el caballo que tenían para mí, le agarré las riendas y se paró en las patas. Yo boté todo lo que tenía, y los maestros de San Juan se atacaron de la risa. Me agarré del caballo y de pronto alguien me gritó que le soltara la rienda, lo hice, y se dieron cuenta de que yo no sabía montar.

Empiezo a trabajar, era una escuelita muy bonita, aunque no había luz, ni agua. Llegaron dieciocho niños para los cinco cursos. Después organicé unas clases nocturnas para los padres de familia. A las seis de la tarde salían los niños y llegaban los padres a aprender a leer y a escribir. Organizamos un bazar, hicimos una batería de baños. Esa escuelita la dejé muy bonita. En los recreos nos íbamos con los estudiantes a buscar los huevos de las gallinas que me habían regalado. Esos niños eran muy lindos. Yo les enseñé a bañarse, les decía, "El miércoles traigan pantaloneta y camiseta", y carraqueaban de frío porque era puro páramo.

Eran niños grandecitos, entre los once y los doce años, rozagantes, todos con sombrerito, botas pantaneras, con ruana, muy colorados, una salud envidiable. Entrábamos tarde, como a las nueve de la mañana, porque les tocaba ordeñar y arriar ganado.

Entrevistador: Hay una anécdota muy bella, la de La bola de fuego. ¿Qué fue lo que pasó?

Entrevistada: Salíamos de una fiesta de la escuela Las Totumas. Era la una de la mañana. Íbamos caminando con uno señores, cerca de mi escuela, cuando vimos al lado opuesto del camino una luz. Yo me tranquilicé porque dije, "Viene un señor con una linterna". Resulta que la tal bola llegó al camino donde estábamos nosotros y no era ningún señor, era una luz redonda, más grande que una linterna y se sostenía en el aire, como flotando, como volando y siguió detrás de nosotros. Uno miraba para atrás y la luz estaba muy cerca, un metro, dos metros, y nosotros apuramos porque nos dio miedo. No nos hizo nada, llegué a la escuela, entré y la bola siguió derecho y bajó al río. Cuando le conté a mis estudiantes al otro día, ellos me dijeron que era La bola de fuego, que en realidad sí existe por allá y que castiga a los señores borrachos, a ellos los ataca; a mí no me hizo nada, sólo me acompañó.

Entrevistador: ¿ Eso es mito o es leyenda?

Entrevistada: Para mí es una realidad que viví. En los libros está como un mito.

Entrevistador: ¿Cuánto tiempo estuvo allá?

Entrevistada: Un año. Yo no pedí traslado, sin embargo, al año me llegó una carta de la Secretaría de Educación. Me mandaron para Pasquilla.

Entrevistador: En el Sumapaz le regalaron una perra, ¿cuál es la historia?

Entrevistada: En el Sumapaz me regalaron una perrita que la llamé Katy. Cuando me trasladaron para Pasquilla, me fue imposible dejarla porque fue un amor mutuo, esa perra me adoraba, me acompañaba.

Una vez iba con ella y se me acercó un campesino con cachucha, ruana, bigote, gordito, coloradito y me preguntó, "¿Usted es la profesora de Pasquilla?". "Sí, señor" me dijo, "Me han hablado de usted, ¿y es verdad que esa perra es garretera?". "Sí, señor". "Yo soy Juan de la Cruz Varela y soy el dueño de todo este territorio, todas esas vacas que usted ve en ese potrero son mías, dígale a la perra que me las reúna alrededor de este árbol". Eran como cien, ciento cincuenta vacas. Le di la orden a la perrita y de inmediato obedeció.

Entrevistador: ¿Usted no sabía quién era ese señor?

Entrevistada: Ni idea, para mí era un campesino más. La perrita reunió ese ganado en cuestión de minutos. Entonces me dijo, "Se la compro". "No señor, no la estoy vendiendo". Me ofreció mucho dinero y me rogó mucho. Se fue caminando conmigo hasta la escuela, "que se la compro, que se la compro". Yo no sabía quién era ese señor con su machete, usual en todo campesino, botas pantaneras, la ruana, el sombrero; sólo estábamos los dos en esa inmensidad de potrero. No se la vendí, "es mi compañía y no se la puedo vender", y no lo volví a ver.

Entrevistador: ¿Y qué pasó con la perra?

Entrevistada: La perra también era la compañía de mis estudiantes. En el recreo se iban a coger leña, todos los niños. Ellos allá no jugaban pelota ni lazo, ellos vivían para el trabajo, sembrar papa, ordeñar vacas, arriar ganado; los niños ni jugaban, eran como tristes, entonces, con la perra se distraían.

Entrevistador: ¿En qué momento usted y la perra se separan?

Entrevistada: Nunca me separé de ella. Al año de estar en Pasquilla me volvió a llegar una carta de la Secretaría de Educación. Tampoco había pedido traslado para Bogotá porque el campo era delicioso. Allá dejé papa, me volví campesina. ¿Qué hice? Traje mi perra para Bogotá, a caballo; lo peor de todo es que cuando llegué se cayó el puente que comunicaba con Bogotá. Nos tocaba pasar por el río. Había un torbellino y la perrita se me estaba ahogando, me bajé del caballo, la agarré y salimos las dos a caballo.
Aquí la adapté a mi familia, y la tuve hasta que murió. Cuando me trasladé a Bogotá, llegué al Perdomo donde trabajé cinco años también muy agradables.

Entrevistador: Después de 36 años ¿qué deja una maestra y cómo se siente después de haber entregado todo ese tiempo al trabajo como profesora del Distrito Capital?

Entrevistada: He tenido muchas satisfacciones,

eso me lo han dado a conocer quienes fueron mis estudiantes. Estando en un colegio que se llama Clemencia Holguín de Urdaneta, en el barrio Quiroga, llegó un señor preguntándome. Yo salí, "No lo conozco", me dije. "Profesora, yo estudié acá". Me sacó su tarjeta: médico. "Yo vengo a ofrecer mis servicios a los niños". Él mismo se estableció un horario y atendía a los niños de la escuela. Estaba dichoso de volver a su escuelita. Hay satisfacciones pero también amarguras. Me acuerdo mucho de un niño que traté de educarlo, de enseñarle valores, pero a él le gustaba coger cosas. Llamé a la mamá en varias ocasiones y no aceptaba, pues decía que yo no tenía derecho a meterme con el niño. Lo pasé al otro salón y el niño siguió igual, y la mamá no aceptaba lo que pasaba, no permitía que se le corrigiera. Hoy, después de veinticinco años me vengo a enterar que aquél niño está en la cárcel: es una amargura que tengo en mi mente y no lo puedo olvidar.

Entrevistador: ¿Qué quisiera hacer ante esta situación?

Entrevistado: Más que todo, hablar con los padres de familia y decirles que el maestro no es un enemigo de los niños, que el maestro quiere lo mejor como si fueran nuestros hijos, y que colaboren con los profesores; la escuela es su segundo hogar.

Entrevistador: ¿Cómo se siente hoy, después de

36 años de trabajo? ¿Su vida, su estado físico, anímico, la proyección para esta nueva etapa?

Entrevistada: Salgo con toda mi salud completa, gracias a Dios. Me retiro porque quiero disfrutar de mi labor de 36 años. Y es justo que descanse y que le dé paso a nuevas generaciones. Enseñé valores, más que cualquier cosa, quise mucho a los niños, los adoré, di todo de mí, todo lo que pude, al máximo. Salgo satisfecha de la labor realizada.

Entrevistador: ¿Cómo ve esta generación de nuevos niños, nuevos padres de familia? ¿Cómo ve la problemática de hoy en la educación?

Entrevistada: Yo la veo muy compleja porque el maestro tiene muchas barreras para educar. Hay dificultades para entender la educación como un proceso entre padre de familia, estudiante, docente. La relación padre-hijo es de poco diálogo, comprensión.

Entrevistador: ¿Cuál es el consejo, por muy sencillo que sea, que da a los nuevos educadores, a los jóvenes que están egresando de las universidades como profesionales de la educación?

Entrevistada: Que enseñen con amor, porque si

no quieren a sus estudiantes están errados de profesión. Que se sobrepongan a todos los problemas de hoy y amen mucho a sus estudiantes y traten al máximo de darles valores, educarlos, llevarlos por el buen camino.

Entrevistador: ¿Qué va a hacer en su nueva vida?

Entrevistada: Descansar. Pienso viajar, conocer, estar con mis nietos.

Entrevistador: Pero, sin dejar atrás el recuerdo.

Entrevistada: Nunca, nunca, ese recuerdo nunca se pierde. Esa satisfacción que queda de la labor cumplida es muy grande y no se puede dejar perder nunca.

Entrevistador: Al fin y al cabo esto fue lo que uno aprendió a hacer y uno está convencido de que lo hizo bien.

Entrevistada: Sí, claro, y satisfecha, sobre todo.

Matriz de la historia de vida de Graciela González

Fecha	Acontecimiento	Anécdota
1972	- Nombrada para la Escuela el Bajo Tunal. - Dieciocho niños campesinos para cinco cursos. - Creó un nocturno para enseñar a leer y a escribir a los padres de familia. - Dejó la escuela bonita.	- No encontró la escuela. - Viaje a caballo. - Llegó a las siete de la noche. - Gran recibimiento. - Recreo y los huevos de gallina. - El baño de los niños. - La bola de fuego.
Un año después	- Traslado para Pasquilla	- Llevó la perra Katy. - Encuentro con Juan de la Cruz Varela.
Un año después	- Traslado para El Perdomo. - Allí trabaja cinco años.	- Lleva la perra a caballo. - Muere la perra.
Diciembre 2008	- Renuncia para pensionarse.	- Satisfacciones y amarguras. - Consejos para los nuevos veducadores. - Recordar siempre esas historias de vida.

Las estrategias

Si miramos el instrumento propuesto como rúbrica de partida, desarrollado el diagnóstico y visto el panorama de lo que se quiere alcanzar durante el curso mediante el relato de vida y la comunicación, se determinan unos procesos, aquellos que se cree son importantes y necesarios por parte del docente para llevar una secuencia comunicativa.

El profesor les recuerda que quien orienta cuando pasan adelante no es el docente sino el estudiante, por tanto, por encima de cualquier cosa, debe tener autoridad para hacerse respetar (autoridad es tener dominio sobre lo que va a hablar y saber pedir el favor a quien no lo escucha, con modales, con cortesía para que le deje continuar. Autoridad es dominio, suficiencia). Alguien del grupo controla el tiempo y el profesor siempre les dice, faltando veinte segundos, que concluyan. Saber concluir una intervención oral ante el auditorio es una organización del pensamiento, de las ideas, es saber sintetizar. Para ello se dan unos conectores básicos con el fin de rematar el discurso. El profesor hace de modelo y les muestra cómo sostener en el tiempo, con coherencia, concisión y según su dominio de la idea que desarrolla, un discurso, especialmente deductivo.

La oralidad, la lectura y la escritura como comunicación, son desarrolladas desde las diferentes habilidades. Por lo tanto, hay momentos en que se parte de lo que se escribe para leerlo, narrarlo, comentarlo, o explicarlo. Como también habrá momentos en que se parte de la oralidad para luego pasar a la escritura y luego a la lectura. Lo cierto es que con el enfoque Biográfico-Narrativo y las estrategias aplicadas, las habilidades comunicativas interactúan permanentemente. Es preciso tener en cuenta que la escucha de igual forma va interrelacionada con las estrategias; por consiguiente, hay una simultaneidad que le da fortaleza a las cuatro habilidades cumpliendo el propósito de este enfoque.

Es importante destacar que el docente registra en su Diario de Campo la fecha, la hora, el curso o grupo y lo que sucedió en la clase. Así, por ejemplo, para el caso que ilustra esta obra como evidencia, la primera sesión con los educandos la llama *Caracterización*:

- Reconoce los antecedentes del grupo (en el caso tratado el autor elabora un trabajo con ellos durante tres años consecutivos).

- Son grupos espontáneos, dinámicos, motivados por leer, escribir y hablar en público. Tienen buen sentido del humor, actitud de trabajo, son respetuosos y participativos. El concepto de disciplina se asocia con la actitud de trabajo, es decir, si están ocupados e interesados en aquello que les significa, que lo relacionan con su cotidianidad, con su vida, se garantiza participación.

- Hay unos personajes muy expresivos, coloquiales, que se puede conversar con ellos; hay liderazgo en algunos.

- Su edad promedio es de 12 y 13 años.

- Hay un alto grado de confianza y muy buenas relaciones interpersonales entre el docente y los estudiantes.

- Tienen gusto por gozarse la escuela y así hablan de fútbol, noviazgo, y las historias de sus vidas.

- En los salones donde hay pupitres personales se posibilita que levanten las sillas y se ubiquen en puntos clave para dialogar y producir sus textos orales y escritos.

- El profesor los saluda de mano, puño con puño (como ellos se saludan en su diario vivir), les da el golpecito afectivo en la espalda.

- El regaño no existe.

- Los niños siempre tienen la picardía, la sonrisa maliciosa.

- Ellos saben que el profesor es hincha de un equipo de fútbol bogotano y los provoca, los incita a hablar, y de esta manera se rompe el hielo y surgen los actos de habla entre ellos, entre ellos y el docente.

- En materia de escritura, el profesor los incita con la estrategia *Juguemos a la metáfora, Juguemos al símil, Juguemos a la hipérbole.* Se les entrega una guía con los conceptos y ejemplos de estas figuras literarias; el maestro aclara dudas, explica y escribe ejemplos en el tablero, los invita a escribirle a los sentimientos, al amor, al dolor, a la naturaleza, al despecho, a la luz, sol, agua, mar, luna, labios... Ellos se lanzan a escribir, le llevan al profesor sus ejemplos, quieren ser leídos. Para eso, el docente divide el tablero en tres partes (metáforas, símiles, hipérboles) y los chicos van pasando y van escribiendo sus producciones que fueron el resultado de la clase, de la motivación, del disfrute, del goce de escribir. El profesor define el tablero, *El mural de la belleza.* Es de anotar que el maestro incita a la escritura con ejemplos como, *Tus ojos color de cielo agrandan mi día, Tu cabello de oro me embelesa, Tu piel es tan suave como el algodón, Tus lágrimas inundan mi alma...*Entre ellos mismos, ya con el dominio del concepto de la figura, recriminan a otros diciéndoles, *Eso no es una metáfora, Eso no es una hipérbole.*

- Un chico dice, "Profe, yo soy poeta y no me puedo concentrar con el ruido". Claro, todos escriben, provocados, se cuestionan, comparan textos.

Las diez líneas más hermosas que nadie jamás ha escrito es una derivación de lo anterior: se les reta a que se atrevan a plasmar aquello que nadie ha escrito sobre el amor, los celos, la lluvia y otros tópicos. Se les plantea que ni Shakespeare lo dijo, sino sólo usted y nadie más que usted.

¿Qué pasó el día en que yo nací?

"El día que yo nací mataron a Pablo Escobar", fue lo primero que salió de los labios de una niña cuando se aplicó esta estrategia. Lógico, para decir eso tuvo que ir a la casa y hablar con sus padres y familiares con el fin de recoger datos sobre lo que ocurrió el día en que ella nació. Quiere decir, entonces, que la estrategia con este enfoque motiva a los chicos, la ponen en contextos comunicativos con sus compañeros, sin prejuicios, con seguridad, con espontaneidad, con alto grado de confianza.

Como siempre, el docente motiva, cuenta desde él su historia y narra cómo llegó a conocer esos datos del día de su nacimiento, asunto que produce risa entre los estudiantes dentro del más absoluto respeto. Es una forma de deducir edades, fechas, épocas en que ocurrieron los hechos. El profesor les ilustra sobre cómo obtener información acerca de ese gran acontecimiento. Es tan grande ese día, que algunos estudiantes dicen y escriben: "El día en que nací yo fue lo más grande que sucedió en el mundo". Son estudiantes con una autoestima en crecimiento.

El maestro les explica cómo en las revistas y periódicos, que se encuentran en las grandes bibliotecas, se puede conseguir información sobre el día de su nacimiento. Así, les muestra el facsímil del día de su nacimiento y les relaciona todos los hechos económicos, deportivos, políticos, sociales, noticias rojas nacionales e internacionales. Esto los motiva para que vayan a las bibliotecas y consigan periódicos y revistas con el fin de comparar los hechos del ayer con los acontecimientos de hoy, por ejemplo, el valor del dólar, los avisos clasificados, la moda de la época, el número de la lotería, los premios de las loterías, las películas de ese día, los programas de televisión y las noticias del día. Es una manera de hacerlos seres históricos, seres sociales.

Pueden consultar con sus padres, con sus abuelos, con el álbum familiar. Esto conduce a abrir un canal de comunicación entre la familia y el educando y es cuando se sientan a dialogar en la casa sobre esta clase de tareas, logrando una comunicación asertiva entre estudiante y padre de familia.

Para introducirlos en la experiencia, el maestro les leyó un escrito relacionado con su vida.

Cuando yo nací

Estas anécdotas curiosas me han sucedido, no sé si por casualidad, el día de mi cumpleaños: el día que me bautizaron, —era un sacrilegio llegar a grande y no tener ese sacramento—, me hicieron de todo: el bautizo fue en un pueblito muy lejos de mi ciudad, aprovechando que ese histórico día iba el obispo y era el único que podía hacer tal milagro. Tuve que hacer curso, demostrar que no era hereje y que no tenía el demonio dentro. Cuando entré a la iglesia, todos me miraban con lástima y con asombro, porque a los quince años me regarían el agua bendita en la cabeza. Primero pasé a la confirmación; de inmediato seguí con la primera comunión, y cuando salí de la iglesia, no aguanté la emoción de meterme a la corraleja y me le tiré al toro, y mi vestido blanco quedó vuelto nada, y luego con la plata que me dieron por los registros que obsequiaba a la gente que no conocía, me fui al billar hasta que acudieron a buscarme para llevarme a la última parada del periplo: la presentación ante la virgen en otro pueblo.

Como mi mamá no me respondía con exactitud, lo indagué en la prensa. El editorial del periódico del día de mi nacimiento se refería a las conversaciones entre los dos partidos políticos y otro periódico decía exactamente lo mismo, a los liberales los tildaban de subversivos y pregoneros del bandolerismo. ¿Que no ha pasado nada en mi vida? Mire, cuando yo di mi primer berrido en Girardot, ese mismo día un lector enviaba una carta a la sección de quejas del periódico El Espectador: su hijo estaba enfermo de difteria y le aplicaron una inyección antitetánica.

Algo curioso de ese martes, el día del planeta Marte, el enamorado por excelencia, no vi un comentario cultural interesante, salvo que en La Voz de Colombia no se trasmitía *La casa del fantasma*, y a dos columnas en el periódico *Sube a doce mil metros un avión en tres minutos* (hoy, ¡ni hablar!). En ese glorioso día que yo nací, en una foto la marina norteamericana enarbolaba una pancarta que decía *Welcome Colombia*, y nos felicitaba por la lucha heroica de años anteriores que habíamos librado en Corea, –hoy también nos felicitan y nos dan plata y armas–.

El periódico se refería a analgésicos, mentoles, remedios contra el asma y las náuseas y tres cuartos de página para *Good Year*. Las caricaturas, gente atropellada por taxis, y un clásico de las tiras cómicas era Mandrake. Hoy nos quejamos de los malos arbitrajes en el fútbol y ayer era lo mismo: claro que mi equipo ganó esa semana, y El Coliseo presentaba: *La espía de Corea*, y en El Cid, para mayores, *De mujer a mujer.*

Bueno, hoy, día de mi cumpleaños, me queda el testimonio de esas páginas para seguir averiguando qué pasó el día en que yo nací.

Después de leído el texto, entre los estudiantes hubo comentarios, preguntaron sobre algunos apartes del escrito y se creó una comunicación muy agradable con el grupo. Esto motivó a que los estudiantes en la sesión siguiente trajeran recortes de revistas, de periódicos y se generara un estado de lectura de reprografías de esos documentos en donde se plasmaba la vida de la mayoría de los estudiantes.

Película El chico, de Charles Chaplin

El cine es un medio muy eficaz para apoyar la estrategia comunicativa del relato de vida. En este caso, para correlacionar de manera audiovisual el enfoque biográfico que se trae en secuencia sobre los estudiantes, el docente se apoyó en una película que tiene mucho de autobiográfica, de uno de los grandes genios del séptimo arte: *El chico*, de Charles Chaplin.

El filme narra aspectos de la vida de un niño abandonado y de un padre adoptivo que por accidente se encarga de él, naciendo una relación mutua de amor, cariño y comprensión que logra la sensibilización del espectador, y los transporta a un mundo biográfico y autobiográfico de alguien que está en el colegio, en el aula universitaria, en el centro comercial, en cualquier lugar del mundo. El protagonista de la película puede ser uno de los estudiantes, una historia de vida que alguien escribió, dirigió y protagonizó hace muchos años, y que al traerla hoy, al aula, remueve vivencias de estos jóvenes.

Por eso, *El chico*, película de este excelente cómico, como estrategia se considera pertinente –al igual que otras obras cinematográficas, lo importante es apoyarse en el medio audiovisual, en historias de vida de insignes personajes, es el caso de empresarios que han hecho e hicieron de su vida un ejemplo, un modelo para la humanidad– por el contenido, por el ritmo, por la música, por la forma en que es narrada.

Cuando los estudiantes ven esta película, hay expresiones de sentimientos encontrados, como la risa, la tristeza, la preocupación, el dolor. Como mecanismo de trabajo se propone el conversatorio, el foro, en donde los estudiantes expongan libremente sus ideas sobre la relación del ayer con el hoy, sobre los niños abandonados, el desplazamiento, la brecha entre los países ricos y los países pobres, sobre los padres desalmados que los dejaron en la puerta de un centro comercial, sobre cómo Chaplin, conociendo su biografía, logró superar dificultades para convertirse en un genio de la humanidad. Como retroalimentación, los estudiantes amplían la información, enriquecen la estrategia mediante la consulta sobre el personaje.

 La película provoca en algunos estudiantes la elaboración de su vida, de su libro, en un CD, mecanismo éste adoptado por educandos y que posteriormente se puede proyectar ante el grupo.

 La idea es desarrollar esta estrategia seleccionando aquellos filmes que logren una alta sensibilización en el alumno con el fin de hacer más agradable y placentero el aprendizaje, pues el nivel de participación, de discusión, de consulta, de puesta en común de puntos de vista es muy enriquecedor.

El álbum familiar

Daniel Goldin[7] , editor, poeta y ensayista, precisa la definición de álbum como género editorial, citando a Bader (2004), "Es texto, ilustraciones, diseño total; es obra de manufactura y producto comercial; documento social y cultural, histórico, y antes que nada es una experiencia".

Esta estrategia, como parte del enfoque Biográfico-Narrativo para desarrollar la oralidad, la lectura y la escritura como comunicación, tiene el propósito de escudriñar con la familia aquellos recuerdos que como grupo, han hecho parte de la historia de vida de cada miembro. La fotografía detiene el tiempo y a su vez, lo pone en retrospectiva ante las imágenes captadas por la lente. La fotografía refleja estados de ánimo, la moda, el perfil biofísico de una persona y vivencias del grupo familiar.

De esta manera, el profesor, para ilustrar el caso tratado en esta obra, les anuncia con anticipación a los estudiantes que traigan su álbum familiar, que traigan fotos de su vida, de su familia. Para darle justificación a esta experiencia investigativa, el docente es quien inicia la actividad, y a la clase lleva 45 fotos, las muestra, y les da una explicación a todo el grupo de cada foto. Una voz dice, "¡Uf!, se la ha pasado en viajes y en parrandas". Preguntan sobre mis hijas, mi familia. "Usted ha sido bien", dice otro chico al ver las fotos con el ex presidente Belisario Betancourt y con la doctora Margarita Peña con motivo de la entrega del Premio Santillana 2000. Aplauden. Otros comparan la edad por el bigote, por el cabello y se ríen y todos reímos. En medio de tal actividad, importa eso, comunicarnos con signos verbales y no verbales mientras rotan las fotos del docente.

Una de las formas para que entre ellos mismos se miren y compartan

---

7. Goldin creó y dirigió en el Fondo de Cultura Económica las colecciones de libros para niños y jóvenes, la colección de Espacios para la lectura y los programas de Formación de lectores.

las fotos es organizando grupos. Esta cultura del intercambio es muy interesante, muy valiosa. Es compartir, es dar a conocer aquello que es íntimo. El propósito es que a medida que miran las fotos, conversen, se comuniquen, se conozcan, incluido quien no trae fotos, que entre otras cosas, para esta investigación, fue una proporción del 1%. Unos trajeron la foto del carné.

El docente pasa puesto por puesto, conversando brevemente con cada dueño de las fotos ¿Qué se destaca? El bautizo, la primera comunión, la fiesta "Cuando me disfracé de payasito", paseos, el cumpleaños, y en esa acción, hasta los más callados, aquellos que no son muy discursivos, ríen, conversan, hablan, se comunican. El profesor habla de pie, sentado en los mismos pupitres de los alumnos, con los estudiantes caracterizados por su timidez.

Entre las curiosidades destacadas con el grado seleccionado se encuentra el caso de una alumna muy lectora quien se acerca y dice que ella cuando grande quiere escribir muchos libros. Otra chica dice, "Yo sólo tengo una foto en mi casa". Esta es una categoría muy importante de analizar: hay núcleos familiares muy sólidos, en otros no existen algunos miembros fundamentales como papá, tíos y otros. Esto de alguna forma es necesario conocerlo por parte del docente, pues desde allí se da una mirada más segura a comportamientos, actitudes, aptitudes y otros aspectos.

Lo bonito de las fotos es mostrarlas al compañero, señalarle quién es cada uno de sus personajes, lo que motiva más la comunicación. Hay expresiones como, "Esta es la señora que me cuidaba porque mi mamá trabajaba", "Aquí estoy yo cuando empecé a caminar", "Ésta es la súper piñata que nunca falta en los niños"," Éste es mi papá, lo mataron a los 22 años, le pegaron seis tiros". Incluso, el sentido del humor no se hace esperar, "Profe, ésta la sacaron del computador aquél...", mientras muestran la foto de un niño con un fusil de juguete, "Profe, no faltan las fotos de niñas en cucos". Alguien reúne el curso para una foto. "¿A quién me falta verle sus fotos?", pregunta alguien. "¿Qué escribe, profe?". "Lo que observo de ustedes", contesto. "Si me gano un premio los invito a un asado". "Cuando uno está chiquito no falta la foto en pelotas", dice alguien y todos ríen a carcajadas.

Por un momento, el aula se convierte en una casa familiar, en una fiesta donde se camina, se ríe, se conversa, y con cámaras y celulares, se toman fotos. Algunos padres de familia llegan a la actividad con las fotos de sus hijos e hijas.

El objetivo se cumple casi en su totalidad, pues, aunque hay chicos que no llevan fotos, se integran mirando las de sus compañeros. Como dice el dicho, "Recordar es vivir", y eso se logra con la actividad. Los estudiantes se reconocen como seres únicos, irrepetibles, dinámicos, protagonistas del aprendizaje. Y se desarrolla la comunicación.

Un ejemplo es el siguiente álbum facilitado para la sesión:

Su valor agregado consiste en que es un álbum elaborado con el consentimiento de los padres y tiene fotos y comentarios de ellos, especialmente de la mamita. También tiene ilustraciones con alta dedicación, goce, disfrute, amor, encantamiento por la vida.

En una parte de su prólogo dice:

En este libro a continuación podrán observar y leer un resumen de mi vida durante estos trece años... me basé en mi infancia, luego en el preescolar, en mis estudios siguientes, en mi familia... este libro me va a dar por siempre un recuerdo de cómo fue mi vida y así, por mucho tiempo será algo imborrable... también quise mostrarles mi bella familia, pues si los puse aquí es porque son muy importantes para mí.

Por: Amor eterno

En la dedicatoria dice:

Sobre todo, le dedico este libro al Todopoderoso, al único que es Dios, por darme esta vida tan linda, que aunque a veces paso dificultades, Él siempre está hoy conmigo.

La mamita escribe estas observaciones:

Mi bebita llegó a alegrar nuestro hogar, desde que estaba en la barriga fue muy consentida. Al nacer mamá y papá la recibimos con mucho amor y desde el primer momento nos enamoramos de nuestra bebé. Siempre la amaremos porque ella llena nuestros días, es nuestra razón para vivir.

¿Qué se deduce? El sentido de familia, el calor de hogar, la compañía y el compromiso de los padres con sus hijos. También se vislumbra un camino por recorrer, un camino que hay que andar y que uno como docente se encarga de abrir, de iluminar para que ellos, los estudiantes, sigan con sus valores, su espiritualidad, su amor por la vida.

Y en cuanto al libro como tal, su diseño, su estructura, su contenido es conmovedor, acogedor, pues narra e ilustra cómo y cuándo dio los primeros pasos, a qué edad aprendió a comer con cuchara, su primera navidad...

Reflexiones sobre libros autobiográficos

 Los libros autobiográficos son un acercamiento más para que el estudiante se encuentre con el mundo de otros que tienen historias de vida que los familiariza. Y desde luego, si ven esos modelos, los jóvenes encuentran las llaves para escribir sobre su vida.

 Según la Real Academia de la Lengua, *autobiografía* es la vida de una persona escrita por ella misma. En este orden de ideas, Wendy Guerra es una escritora cubana, autora de un diario cuyo título es: *Todos se van,* en el que relata la historia de una niña desde los ocho hasta los veinte años. En su obra –Primer Premio de Novela Bruguera 2006– va contando diariamente, mes por mes, su vida en una Cuba a la que ama pero que cuestiona. Es un libro autobiográfico.

 Este libro es muy apropiado –como otros, por ejemplo, *Anna Frank, Diario*–, para fortalecer la propuesta puesto que entre los temas planteados está el diario, la autobiografía, y además porque su narración es ágil y muy juvenil. Cuenta los momentos dulces, alegres y amargos, dolorosos con su madre, su padrastro, la vida en la escuela, sus amores.

20 de diciembre de 1978.

A mi madre la vemos muy poco. En la radio hacen ocuparse del deporte y de los teletipos, horas y horas. Dicen que ya no es confiable y no puede trabajar con noticias. Sólo trasmite los partidos de béisbol.
La amenazan con mandarla para Angola. Me da miedo quedarme sola con Fausto, nunca he estado sin mi madre...Me da miedo que mi madre se vaya a la guerra.

Quisiera enfermarme de algo muy malo, incurable, para que no se la lleven. Ojalá me enfermara. Mi madre dice que esta guerra no tiene explicación. Pero me pide que no lo repita (p. 17).

En un lenguaje sencillo, la autora registra en su Diario con fuerza, con vigor y autenticidad, sin prejuicios y en un tono que es muy asequible a cualquier lector, especialmente para los adolescentes, su día a día.

Otro de los tantos autores y autoras que se pueden relacionar con esta estrategia es Roberto Gómez Bolaños con su libro *Sin querer queriendo*. Esta obra autobiográfica, narrada por uno de los personajes latinoamericanos más impactantes de la televisión, por sus personajes creados, por los temas que plantea en cada uno de sus capítulos, especialmente, la historia de *El chavo del ocho*, caracterizado por un personaje humilde, que va a la escuela, que tiene un vecindario que lo quiere, de gran manera ha penetrado en la idiosincrasia de los estudiantes latinoamericanos.

El libro es cercano a los chicos por la forma como el docente lo hace llegar, les hace ver el paso duro y difícil que hay que recorrer para alcanzar la fama, el éxito, como lo relata el autor que marcó un hito en la televisión cómica de nuestro continente. Roberto Gómez se convierte en un modelo, en un ejemplo, en una historia de vida respetada, querido por la forma como enmarca la infancia, las travesuras de unos grandes actores que se convierten en niños. En la obra se narran anécdotas que enlazan muy bien con este enfoque, más por la inyección del sentido del humor de un hombre que creó unos personajes y unas frases entrañables que aún perduran en el día a día de nuestra cultura.

Aunque el galeno se empecinó en tratar de convencer a la enfermera de que era preciso deshacerse

> *del producto, para lo cual recurrió a todos los argumentos posibles, pero no hubo poder humano capaz de persuadirla, de modo que, consciente de los riesgos a que estaban sujetos ella y su bebé, incluidos los padecimientos y las privaciones concernientes, la mujer decidió afrontarlos a cambio de continuar con la gestación del ser al que no quiso arrancar la oportunidad de vivir.*
>
> *Y así fue como pude nacer yo el 21 de febrero de 1929 (p. 11).*

Uno de los pasajes más llamativos y que se sugiere compartir a los estudiantes es cuando Roberto Gómez cuenta cómo al finalizar el primer año en la Facultad de Ingeniería, reprobó dos materias: mecánica y topografía, ante lo cual tuvo que realizar dos exámenes extraordinarios. Su profesor de mecánica era el científico González Graff, quien le puso 8 de calificación, pero en topografía, el profesor Esteban Salinas le puso 5, "Que me pareció totalmente injusto pues yo corroboré junto con un amigo quien había participado en el mismo examen, que mi trabajo merecía mínimo una calificación de 7".

Roberto Gómez buscó al profesor, le hizo el reclamo, a lo que el docente le respondió, "Probablemente la calificación de ese examen debía haber sido entre 6 y 7". "¿Entonces por qué carajo me puso 5?". El profesor le respondió, "Porque a usted no le conviene estudiar esta carrera...Ahora bien. Esto no significa que usted carezca de capacidad para el estudio. E inclusive, es probable que tenga facilidad para la matemática y otras disciplinas similares, pero le aseguro que su futuro está en otros territorios".

Cuenta el actor, libretista y director que: "Mucho tiempo después, mientras grababa uno de mis programas en Televisa, recibí la visita de un profesor, ya entrado en años que me dijo, 'Soy el ingeniero Esteban Salinas, profesor de la Facultad de Ingeniería. ¿De casualidad se acuerda de mí?' De casualidad, no –le respondí–. Me acuerdo de usted con toda precisión y con el mayor de los agradecimientos" (p. 96).

¿Por qué traer a colación este pasaje? Las razones son obvias, y a muchos de los docentes nos han pasado estas historias gratas de la vida. El profesor Salinas es un ejemplo de vida, de mentor, de alguien que en su momento le dijo la verdad a un gigante latinoamericano para que hiciera lo que él sabía hacer muy bien desde pequeño. Y lo logró, y Roberto Gómez lo agradeció para siempre. Quizás, si no hubiera sido por el ingeniero Salinas, el proyecto de vida de este gran hombre hubiera sido otro y no existirían *Chespirito, El Chapulín Colorado*, y todos los personajes creados por el ingenio de Roberto Gómez Bolaños.

Otra obra es *Anna Frank, Diario*. Otro autor puede ser Frank McCourt (irlandés) con su obra *Las cenizas de Ángela*. Es un tanto desgarrador pero como texto autobiográfico es una gran ayuda para abordar este enfoque. Y un cuarto autor recomendado y referenciado anteriormente para fortalecer el enfoque Biográfico-Narrativo es Héctor Abad Faciolince con su libro *El olvido que seremos*, un texto autobiográfico, especialmente por la relación de amor padre-hijo-padre en medio de unas historias truculentas por los hitos de la violencia, el dolor, la muerte, el exilio, y narrado con la proeza literaria cohesionada con el recuerdo, con la historia de vida.

La autobiografía

Godard (cfr.) nos abre las puertas para entrar en el terreno de la autobiografía. La autobiografía, narrada en forma oral, es una forma de improvisación porque el educando no sabe cuándo le corresponde, pero está preparado para pasar y contarle algo al público acerca de su vida. Esta técnica lleva un proceso deductivo por cuanto improvisar es partir de lo complejo, y es inductiva por cuanto se parte de lo particular, como es narrar sobre su vida a partir de un detalle, de un pasaje concreto. El estudiante hace una presentación de quién es, dónde vive, cómo es su familia, y se le pide que se describa. El tiempo lo determina el docente y oscila entre 3 y 5 minutos.

La autobiografía es una estrategia que vista desde el enfoque Biográfico-Narrativo permite que los participantes pongan en público aquello que es o ha sido considerado como privado, oculto, y que sólo mediante un acto social de la comunicación, en un contexto específico, se da la oportunidad de poner en común, de manera oral, esas historias. Por eso, el profesor da una explicación sobre la autobiografía, cómo dar saltos en el tiempo, cómo tejer recuerdos y vivencias, cómo poner a funcionar la memoria y cómo poner en común amores, desengaños, éxitos y frustraciones amorosas, deportivas, laborales, profesionales.

Los estudiantes evocan, ríen, imaginan esos pasajes de la vida, se burlan en el buen sentido de la palabra del compañero o de la compañera al conocer una historia. El profesor los invita a no tenerle miedo al lenguaje y les pone en circulación algunas de sus anécdotas, "A mí, por ejemplo, me tumbaron novias", y ríen, se entusiasman por escuchar, "Cuente, profe, cuente, silencio que el profe nos va a contar una anécdota". Y los pone en estado de imaginación, diciéndoles que inclusive, uno antes de nacer hace muchas diabluras en el vientre. Y los alumnos se atreven a contar:

Nunca olvidaré

Cuando tan sólo tenía catorce años
la vida me sonreía
Todo era color de rosas frescas
y los problemas no los veía.
Con el transcurrir del tiempo
todo cambió.
Llegó un día inolvidable.
Cumplía quince años, recibía quince rosas
e iniciaba una etapa imborrable...
Después de vivir muchas experiencias
de ocultarme en los arbustos
y de mentir para satisfacer el corazón
una tragedia cambiaba todos los rumbos.
Un día frío y oscuro mientras dormía
mi padre cumplía con su rutina.
Como todos los sábados a Vélez se dirigía
ignorando el destino su camino seguía.
A pocos minutos de emprender su viaje
el destino con una derrota lo sorprendería
Estaba siendo víctima de la violencia
y su cuerpo muchos golpes y una bala recibía.

Por. Dadora de Vida

En el caso de este texto, en el diálogo con el docente, la autora no contuvo el llanto, narró detalle por detalle el lamentable suceso ante lo cual lo único que queda es dar fortalezas para seguir con vida luchando por ella. Fue un encuentro muy emotivo y sincero entre autora y lector.

Mi madre siempre ha sido una gran amiga, me ayuda, me comprende, y obviamente, hago lo mismo con ella porque para eso están las amigas, aunque, como en toda familia, hay peleas y arrepentimientos. Con mi padre, la relación, que yo me acuerde, no ha sido estable, es decir, según los videos de casa, cuando era pequeña me veía feliz pero a medida que fui creciendo me fui dando cuenta de una que otra realidad de la mayoría de familias, y de ahí me fui alejando...

Por: Mariposita en silencio

¿Cómo hacer para que los estudiantes exploren su sensibilidad y sean osados para reflexionar, escribir, leer, y contar sobre la vida? Los jóvenes, por su edad, responden a actitudes provocadoras, aquellas que activan la comunicación con expresiones como éstas: "Santa Fe sí es malo", "Cámbiese de equipo", "Clasificó de regalado". Esa es una disculpa para comunicarnos, y poco a poco se les lleva la corriente y se termina en el diálogo, en la risa, todo dentro del respeto, las buenas relaciones, en un lenguaje y comunicación horizontal.

Unos inician el proceso de escritura, otros meditan, se ríen solos; su compañero o compañera se ríe de verlo o verla reír. Se deduce que se está cargando la imaginación, la memoria. El ambiente para escribir es acogedor, la llama está encendida, hay gusto, goce, disfrute, amor por narrar, está implícito el *Yo te cuento, tú me cuentas*.

La autobiografía es la estrategia central de la experiencia. Por eso, les comparto cómo se llevó a cabo el proceso de esta estrategia.

Y pongo en contexto esta experiencia de la escritura como una de las tantas fórmulas provocadoras para llevar a los estudiantes por el camino de la creación con la escritura.

El profesor registra en su Diario de Campo las motivaciones presentadas a los estudiantes, cómo arrancar la historia, cómo enredarla, cómo saltar del hoy al ayer y viceversa, cómo no tenerle miedo al humor, a la ficción, a la realidad, cómo acercarse al padre de familia e indagar sobre su vida, y fundamentalmente, cómo narrar lo que quiere contar. Caso curioso, en dos de estos grupos hay gemelos y el profesor los provoca a escribir, a imaginar la situación de ellos en el vientre, y esto hace que ellos se acerquen al profesor y hagan comentarios como, "¡Uf!, yo estaba dándole patadas a mi hermano para que me dejara salir".

El maestro los pone en estado de imaginación diciéndoles que uno antes de nacer hace muchas travesuras en el vientre; que desde allí uno ve, escucha, percibe, se enamora de la música. También se les habla de las insatisfacciones de uno como hincha de fútbol (un estudiante me buscó en el patio y me dijo, "No, profe, su equipo sí es muy malo, clasificó pero..." Se cumple el objetivo: el joven callado habla, se deja provocar y habla con su docente.

Se les motiva con la frase, *El día 14 de mayo nació el hombre más apuesto de este mundo*. Hay risas. Uno de ellos, desde atrás dice, "Profe, Brad Pitt". Yo le digo, "El Brad Pitt del salón, la Angelina Jolie del curso". Otro estudiante, quizá el más pequeño, anota, "El marido de Ana Sofía Henao". Se les hace reflexionar en torno a que el día en que nacieron fue el más importante de su vida. Alguien dice, "Yo no tengo mucho que contar". "¡Imposible!", le respondo, "Usted ha vivido mucho en estos doce años". Otra pregunta, "¿Uno se puede reservar cosas?", a lo que le respondo que sí, si quiere.

Un chico pregunta que cómo se escribe *umbilical*. Eso hace sospechar en qué parte de su vida va. Alguien dice mientras sigue escribiendo, *Uno no es que sea perro sino que las mujeres lo buscan*. Risas en el salón, sarcasmos entre feministas y machistas. Un chico se me acerca y me dice, "Profe, ¿le puedo leer?, es que está chévere". Y me pide que yo me siente para poderlo escuchar. Es un texto *hollywoodesco*. El nacimiento suyo en el hospital. Suspenso, misterio, dolor. "¿Es verdad lo que narra?", le digo. "Mi primera novia fue en transición". "¡Bacano!", le respondo. Una joven arguye, "Los amores son para cuando uno esté grande". Un alumno me pregunta sobre cómo se forman los espermatozoides a lo que le respondo dándole a entender cómo ese microorganismo es generador de vida. Una chica recuerda que cuando ella nació murió Pablo Escobar. Otro estudiante dice, "Si mi mamá tiene 41 años, ¿cuándo nació?".Otro me pregunta, "¿Qué es prematuro?". Le explico. Los chicos ríen, otros se concentran en su escrito, algunos conversan sobre sus vidas. Uno de ellos, refiriéndose a agrandar su historia me dice con una emoción incontenible por el chasquido de sus labios, "Profe, ¿qué más le meto?, ¿qué más le meto". Uno de ellos le lee a su compañero y otra niña le dice a su compañera, "Biografía es con b larga".Un estudiante, sonriente, me lee su comienzo, "Papá y mamá se conocieron y pasó lo que tenía que pasar: nació un angelito". Otro chico, "Aún estoy pensando qué voy a escribir".

Los jóvenes comparten sus textos mediante la oralidad, la lectura y la escritura y me concentro en uno de ellos, quien describe y diseña un dibujo diciendo que nació con ese escudo, al estilo Supermán pero que el de él tiene una P grande que significa Poderoso. Llama la atención el que sigue con la noche apasionada en que se fecundó el óvulo.

Uno de los chicos me da el título de su autobiografía, "La vida de J. J.". A los gemelos los incito preguntándoles qué pasó con ellos para que naciera el primero. Risas. Una estudiante me dice que si puede adornar el texto con el sol, la lluvia, la luna. Un gemelo imagina ante su compañera, "Mamá, mándeme a la Tierra". Un alumno simula hablar desde el vientre y susurra, "Mi papá y mi mamá hacían el acto". Otro tiene el siguiente apunte, "Cuando yo nací fui hincha de Millonarios", y me mira como desafiándome. Alguien me pregunta la hora porque no quiere interrumpir su texto. Los estudiantes comparten sus escritos, meditan, van donde su amigo, les leen. Uno de ellos comenta: "Hasta ahora tengo tres meses". Una niña me dice que no le lea sino que le adivine qué edad lleva en esas dos páginas. Yo le digo, "Tres años". "No he nacido", me contesta. Un joven tiene el siguiente comentario, "Mi historia es única, profe, yo era único hijo y llegó mi hermano, hasta lo subrayé, profe". El que había dicho que era la historia de J. J. me muestra orgulloso sus dos páginas "Y no he nacido, ¡y no he nacido!".

Hay un caso de alguien que participa, es piloso, cuando pasa a hablar en público lo hace muy bien. Se prepara, se documenta, por ejemplo, con las noticias. En la autobiografía que se empezó a escribir en el aula, me dijo, "Profe, ¿cómo se escribe *cerveza*?". Me puso a pensar qué estará escribiendo un niño de doce años. Ese día se hizo en el sector de la pared a escribir. Me invitó a que le leyera su texto. Los de al lado se agruparon para escuchar la lectura de viva voz de su autor. Era un texto espontáneo, no autobiográfico, pero sí me dio pautas para provocarlo con la autobiografía.

Lo entrevisté en el patio, con grabadora. Le dije que él era mi personaje favorito, y que me llamaba la atención su texto en el que aparecían personajes como él, el profesor, una niña, su amigo. Él conmigo es todo chévere, espontáneo, discursivo, habla, es coherente, creo que le gusta hablar conmigo. Cuando le pregunté, "¿Por qué habla de una niña de décimo?", me respondió, "Pues, porque es imaginación, aunque eso se puede presentar en la realidad". Al cuestionarlo sobre su amigo en el texto me dijo "Es mi mejor amigo, pero se retiró del colegio". Se le nota el vacío. Al interrogarlo sobre mi papel en su texto me contestó, "El profe es chévere, nos pone a escribir libros, lo deja a uno conversar, que uno hable, es bien". Me sentí bien valorado por mi personaje. Y al preguntarle por qué siempre se le ve con estudiantes de once, de décimo, me contestó, "Uno debe tener hartos amigos, otros amigos, yo la paso bien en el colegio". "¿Cómo va su autobiografía?", le pregunté. "Bien, ya nací".

En mi Diario de Campo dejo plasmado uno de los momentos que me permitieron conocer más a mi personaje. En una nueva sesión sobre la autobiografía –no habíamos avanzado por cosas temáticas–, me dijo que le daba pereza escribir, que cuánto le pagaba (con sentido de humor), que él era importante. Concluí que no era pereza. Es un chico al que sus compañeros lo buscan, lo interrumpen, a veces no lo dejan trabajar. Le dije, "Le gasto todo lo que hay en la cafetería", y apostamos. Y se hizo solo, "¡Listo, profe!". Cuando alguien iba donde él le sugería que no lo interrumpiera. Era el primero de la fila y no levantaba la cabeza de su cuaderno. Le trajeron unos audífonos, se paró, volvió diciendo, "Yo con ustedes estoy perdiendo tiempo". Y seguía escribiendo sobre su vida. Fue un momento emocionante, propio de un taller de escritura.

Lo que más me llamó la atención es que las chicas más grandes del curso son las que lo buscan, lo interrumpen, lo acarician, lo consienten como niño mimado. "¿Cómo va la apuesta?", le pregunté. Me mostró. "¡Uf, me va a dejar sin plata, hermano!". Sonrió con cara de triunfador. Reparten el refrigerio. "¿Y sí alcanza con lo que le voy a dar en la Tienda Escolar?". De nuevo ríe. Hora de salir a descanso, "Profe, no he acabado". Ya habían salido todos, menos él y yo. "Seguimos en la próxima". "¡Listo, profe!". En el descanso me dijo, "Profe, mi apuesta". Y le correspondí como buen apostador mientras corría hacia donde estaban unas chicas grandes de otro curso. (Recuerdo que otro día me dijo, "Profe, en la clase siguiente sigo mi historia").

Otro caso es el de una niña que frecuentemente está escuchando música (radio, ipod o el MP3 que es prestado), que ríe a carcajadas desconociendo que está en un salón de clase, que algunas veces he visto su acudiente en el colegio, es más, yo le di un informe de sus insuficiencias. Pero, desde que sucedieron dos cosas, me preocupé por conocerla. Un día le di un abrazo de estímulo a una niña por su trabajo. Mi personaje desde el puesto, me dijo, "Profe, ¿usted también me puede abrazar a mí?". A lo que yo respondí, "¡Claro!". Y la abracé tratando de cubrir su soledad, pues, había días en que llegaba y la encontraba llorando (hoy sonríe cuando me habla). Cuando empezamos a escribir la autobiografía me impactó su frase, "Yo no me sé el nombre de mis papás". "No importa, tranquila, sigue tu historia". Cuando miré su relato en su cuaderno, me fijé en la letra tan cuidadosa, en los adornos de sus hojas, y le dije, "Escribe esto como tu libro de este año". Ella, sin titubear asintió y es uno de los textos más conmovedores.

La estrategia se complementa cuando el profesor los invita a consultar en la prensa escrita qué pasó el día en que ellos nacieron. Les da orientaciones para que vayan con sus acudientes a las bibliotecas, y a la clase siguiente, traen los recortes de prensa, fotocopias, y comentan lo más importante de ese día. Una estudiante me dijo " Profe, cuando yo nací ese día a las tres de la tarde mataron a Pablo Escobar y yo nací por la noche".

Yo les leo, *¿Qué pasó el día en que yo nací?*, un texto de 700 palabras. Un estudiante del mismo curso me dijo que a él le había sucedido lo mismo: que el día de su bautizo le encimaron la primera comunión, la confirmación, después de grandecito.

La información periodística, el uso de Internet, junto con lo que les cuentan sus padres, abuelos y otros familiares amplía el horizonte para redactar, para profundizar la autobiografía.

La autobiografía permite conocer más a los estudiantes, a relacionarse más, a comprenderlos y de manera especial, a enamorarlos y entusiasmarlos para que hablen, se comuniquen, conversen y escriban. Es educar con sentido (Prieto, 1993), quien trae en su documento una frase de Simón Rodríguez, "Lo que no se hace sentir, no se entiende y lo que no se entiende no interesa" (p. 9). Agrego, "Por lo tanto, no se aprende". Los fragmentos corroboran la validez de esta estrategia.

Hoy me pregunto por qué existo y por qué estoy aquí plasmando la historia de mi vida. pero la respuesta es desconocida...Hoy doy gracias a Dios por haber hecho nacer el amor de mis padres. del que fui fruto. ¿Cómo me formé o por qué mi existencia?
Mi mamá quería un niño pero el 15 de febrero nació una hermosa niña. He decidido contar en esta autobiografía algunas cosas de mi vida. que siempre tuve miedo a contar...
Empezaré por la mujer que más amo en el mundo: mi madre.

Por: Comunicadora feliz

todo inició cuando me conocí con mi hermano en el vientre, yo era el que estaba más cómodo. Ya habían pasado ocho meses, y mi mamá decidió que el primero que saliera se llamara Carlos y el segundo, johan Sebastián. Dicho y hecho, así fue...

por: Sobrino chévere

La biografía de mi amigo

Los estudiantes conocen su autobiografía, algunos conocen la historia de su compañero, otros no. Con esta estrategia cada estudiante se convierte en biógrafo de uno de sus compañeros. Para ser biógrafo de alguien hay que escudriñar acerca de esa persona, quién es, cómo es, sus gustos, su proyecto de vida, sus costumbres, creencias, las materias que más le gustan, sus pasatiempos, su comida favorita y otra serie de detalles necesarios para poder hablar y escribir de alguien a quien ha seleccionado.

¿Y cómo se conoce a fondo a una persona? Conociendo su vida y en este caso, esa vida está escrita como documento autobiográfico que cada alumno ha realizado a lo largo del curso. Y en el caso de que no se tenga a la mano, la persona se conoce en una conversación amena, agradable, con preguntas y respuestas, donde el entrevistador escribe unas ideas en una libreta de apuntes o en su propio cuaderno para luego sistematizarla en un escrito que el entrevistado conoce, pues el biógrafo se lo da a conocer, lo comparte, le muestra lo que escribió a partir de lo que le contó. Como siempre, la oralidad, la lectura y la escritura se ponen en contexto, se socializa ante el público.

El desarrollo de la estrategia se lleva a cabo teniendo en cuenta estos elementos, (recuerden que quien quiera replicar cualquier estrategia, lo puede hacer con su ingenio, creatividad).

- Se les motiva a la búsqueda de ese personaje, sobre
  el que se va a escribir acerca de su vida.

- Se les anima a desplazarse por el aula, llegar al puesto
  del compañero seleccionado.

- Se les invita a conversar, romper el hielo, cada cual con

su ingenio, con su estilo: abrir la comunicación.

- Se les induce a tomar apuntes de lo que conversan; reescribir la autobiografía, o escucharla oralmente.

- Se les orienta sobre la elaboración de cuadros, esquemas, lluvia de ideas.

- Se les fomenta la lectura entre ellos mismos.

- Hacer posible una entrevista.

- Pueden valerse de la autobiografía del año anterior.

- Hay estudiantes que entran en un estado de duda: no viven con sus padres, pero no se inhiben para contar, narrar, comunicarse con el otro.

- Los alumnos que se consideran tímidos, rompen el hielo, ríen, escriben.

- El profesor anima, orienta, guía, promueve.

Mi mejor amigo nació el 19 de enero de 1995, cuando tenía 4 años iba sentado en un carrito de mercado, de pronto se cayó del carrito, se pegó en la cabeza y en el supermercado lo atendieron de urgencias y le pusieron cinco puntos en la cabeza. Nos conocimos cuando llegué de la jornada de la tarde, nos volvimos amigos, como tenía buen rendimiento académico él se sentaba conmigo.

Cuando necesitaba dinero para mis gastos él siempre me prestaba. Es muy bueno en la materia de Dibujo Técnico, tiene un perro, su familia es muy divertida, a veces viene a mi casa a hacer tareas, también a jugar y a divertirnos.

Por. Biógrafo inquieto

La anécdota

La anécdota es un concepto griego que se refiere a un relato breve de un hecho curioso, inédito, que sirve para ayudar a la creatividad y la capacidad expresiva[8].

Entre las características principales, encontramos:

- Narrada en forma verbal (también se puede escribir).

- Se narran hechos curiosos y tiene su trama, acción, tiempo, personajes.

- Es espontánea, de un hecho real, y es corta, sencilla.

- El narrador entretiene y capta la atención del público enriqueciendo la historia y el desarrollo de la habilidad comunicativa.

En el capítulo, Vamos a contar anécdotas (Montealegre y Moncada, 1999, p. 52), los autores traen a colación la frase de Eduardo Galeano, "Recuperar la palabra que se ha considerado perdida o robada", para demostrar que con esta técnica se rompen las barreras que algunos imponen al lenguaje.

El profesor incluye en el plan de trabajo la narración de anécdotas. Con esta técnica se busca que los estudiantes vuelvan público aquello que es privado desde lo anecdótico, desde el recuerdo, la vivencia de algo significativo, y que se empalmará con la autobiografía escrita por ellos mismos. Cada alumno pasa y cuenta a su manera, con su sentido particular, con humor, sin humor, aquellos hechos relevantes que han marcado su vida. Aventuras preferiblemente chistosas, "osos", embarradas. Se busca que el alumno se desinhiba y con su espontaneidad,

---

8. La anécdota, aspectos teóricos. Disponible en www.scribd.com, consultado 8 de octubre de 2009.

su autoridad, cuente cosas que le han pasado'en el colegio, en la universidad, con sus amigos, con su familia, en la calle, en el bus.

Primero, se hace un listado de las anécdotas del profesor que tiene en un minicuaderno donde están algunas aventuras de su vida. Ellos mismos imponen el silencio, motivados. Están tan animados que se postulan para pasar mientras otros adoptan una actitud de recuerdo, de reconstrucción de acontecimientos.

Se escuchan expresiones como, "Cosas de mis abuelos", "La primera fiesta de mi vida", "La vez que me perdí en el camino", " Cuando a mí me bañaron desnudo con una manguera", "Cuando en primero le pedí a la profesora que si me dejaba ir al baño y ella me dijo que no porque en secundaria no lo dejaban a uno ir al baño", " La vez que me hice caca y me limpié con la mano y me prestaron una sudadera de una niña yo siendo un niño". "Yo también paso", dicen los estudiantes. "Yo vivía con mi mamá", "Uno de chinche" —y creo que tiene 12 años—, "Cuando mi papá le trajo mariachis a mi mamá y yo me puse el sombrero, ese sombrero me pesaba demasiado", "Cuando me encontré con Manuel Elkin Patarroyo en el aeropuerto y yo quería que me diera un autógrafo y como no tenía en dónde, le pedí que me firmara en mi carné, ese man era un duro". Algunos vienen al escritorio a contarme sus anécdotas. "Cuando me pegaron disfrazado", "Cuando mi mamá me pegó una muenda", "Cuando se me salió el pedo en educación física", "La vez que peleamos por una jirafa de mentira", "Un día jugando a Dragón Ball Z me rompí el tabique", "Cuando yo era chiquita era muy rebelde", dice una niña y el grupo la interpela, "Todavía, todavía". Risas. "Cuando yo era pequeño le tenía miedo al agua fría", "Cuando yo era pequeño me tiraba de la cama al piso y decía que era Supermán", "Cuando yo era pequeño, era enemigo de una niña y le rompía los cuadernos en el Jardín, le escondí el disfraz, luego me tocó pedirle disculpas", "La vez esa que ese hijuemadre perro me mordió".

Entre los mismos estudiantes postulan a alguien, "Profe, ella tiene una chévere, profe, pase a ...", y pronuncian con hilaridad los nombres de los que quieren pasar. El ánimo por querer contar es indescriptible. El silencio demuestra que sus vidas les significa, les interesa, que son felices porque se comunican, ríen, los estudiantes no se sienten juzgados sino escuchados por el profesor y por ellos mismos. Por eso, aunque hay más espontaneidad en los hombres, las niñas no se quedan atrás, y se atreven a salir adelante. Hasta el más callado, silencioso, después de reír de los demás, se atrevió a pasar a hablar y contar sus anécdotas en público.

En algún momento, un chico: "¿Vamos a contar anécdotas?", le respondí que sí, "Porque tengo una rebuena". Hay estudiantes que gastan más de cinco, seis, siete, diez minutos contando sus anécdotas. Hay una expresión que tiene muchas categorías, "Cuando yo tenía 2, 3, años". Es decir, la memoria a largo plazo se pone en evidencia porque fácilmente recuerdan aquellos sucesos que los hicieron divertir en medio de la inocencia, la candidez. También se destaca el estilo que tiene cada uno de los participantes, unos más gestuales que otros, unos que antes de hablar ya están reventados de la risa y producen el mismo efecto en el público, pues lo ponen a imaginar sus aventuras. Hay muy buenos narradores que el mismo grupo corea para que pasen e incluso, hay quienes quieren repetir. Es curioso, pero, son muy escasos los niños a quienes sus mismos compañeros les dicen, "Vocalice, vocalice, hable duro, no se le entiende". La razón: traen el proceso. Usan onomatopeyas, ¡pummm!, ¡tasss!, ¡chazzz!, ¡suazzzzz.! "Cuando era chiquita la señora que nos cuidaba era de mal genio", "Una vez me fui de cara y yo gritaba como una loca", "Mi prima cayó en cuatro y el perro se le montó", "En preescolar un chino mamón joda y joda y le enterré un lápiz", "Cuando yo me estaba aprendiendo a parar", "Al nacer, mi hermana tenía como un año, yo fui creciendo y mientras yo caminaba, ella gateaba para atrás", "Jugando a la gallinita ciega se rompió la mesa y el vidrio", "A comienzo de quinto, el primer día de estudios, me fui a montar en cicla, me caí y me salió severa bola", "Me metí en un hueco, me raspé la cara y me hice esta cicatriz", "En el río casi me ahogo, tragaba agua", "Cuando salí a jugar con Sebastián unos manes cogieron a robarle el celular", "Un día fuimos a Panaca y me caí en la marranera", "Iba en cabalgata, el caballo se iba cagando y mi primo me empujó y caí en el bollo", "Yo estaba en tercero, estábamos en Religión, la profe hablaba de las Bodas de Canaán, y ella preguntó, ¿por qué estaba Jesús allí?, y yo le contesté, porque la mamá lo invitó. La profesora comenzó a reírse". "Cuando nos fuimos mi mamá, mi hermana, mi madrina y yo", "Una vez jugábamos a las escondidas con mi prima y me oriné", "Yo iba con María y todas mis amigas", "Cuando mi papá se metió en un problema porque me pegó muy duro con una chancleta", "La vez aquella en que se me partió la Barbie porque yo quería que mirara bien, yo quería que la Barbie se tirara como en un paracaídas", "Jugábamos a las escaleras eléctricas y nos caímos", "Jugábamos a zapatico volador en un columpio y el zapato cayó en un bollo", "Yo vivía en Villa Luz, mi abuelita me dijo que habíamos comprado un gato, lo hundí en un balde con agua y el gato se murió", "Yo estaba hablando y se me metió una mosca en la boca, volví a hablar y se me salió", "El año pasado mi amiga se compró un pastel y me echó el pastel delante de un niño que me gustaba".

Como complemento de la estrategia, el maestro les orienta la lectura y el análisis del texto que él ha escrito.

La anécdota como estrategia didáctica e investigativa del relato de vida

Alguna vez, por cosas de la casualidad, un estudiante se encontró con un gran amigo que tenía como oficio ser recreacionista, animador de piñatas y fiestas. Coincidencialmente, el día de tan inesperado encuentro, tenía un evento en las horas de la tarde: animar una fiesta para niños.

Como hacía tiempo no se veían, el encuentro se acompañó con cerveza. Una y otra y otras. Después de tan animada tertulia, el recreacionista convenció a su amigo para que le ayudara, pues otra persona comprometida con él no podía acompañarlo ese día. Sin ponerle peros al asunto, partieron. La idea era que el estudiante se disfrazaría de Mickey y su amigo, como siempre, de Barney.

Ambos llegamos con nuestras cervezas en la cabeza. Había mucha, pero mucha gente y Bogotá parecía más una ciudad de tierra caliente. Los papás y los niños estaban ansiosos de ver a sus personajes favoritos, Barney y Mickey en un show espectacular. Nos vestimos y en medio de todo, me dio risa saber lo que iba a hacer. Jamás en la vida había pasado por mi mente tal cosa.

Y vino lo mejor, lo imborrable, lo memorable, lo anecdótico.

Uno metido en esos trajes suda y suda, el calor es insoportable y más con tragos en la cabeza. Yo no encontraba la hora de salirme de ahí. No se puede ni respirar. Yo escuchaba la gritería de los niños, de los padres de familia, los aplausos, y caminaba como un robot en esa pista que me parecía tan inmensa. De pronto, vi cómo mi amigo Barney se bamboleaba, ya casi se caía, yo me convencí de que no era parte del show aunque los niños y los padres de familia sí lo creían porque gritaban, aplaudían, ¡bravo, Barneyyyyy!, ¡Bar-

ney!, ¡Barney! Era obvio, a mí me ignoraban, no sabía por qué sólo hasta cuando mi amigo cayó al piso y todos los niños ¡ Barney!, ¡Barney! se fueron encima de él, lo tocaban, brincaban sobre su traje, yo lo miraba por entre los diminutos huecos de los ojos del traje, muerto de la risa, en medio de una algarabía en la que mi amigo era el gran héroe de una tarde inesperada, de la que yo sí sabía qué era lo que pasaba: la borrachera lo había convertido en el héroe de la jornada.

El ahogo, el sudor, la palidez tenían a mi amigo metido en este tra-je. Como pude ayudé a sacarlo de la pista y lo llevé arrastrado a un cuarto, lo destapé y no cesábamos de reírnos a carcajadas mientras los niños exigían que Barney saliera, pues lo que más encantó a los niños fue la forma como Barney se movía, se bamboleaba.

Nota: anécdota narrada por un adulto en un taller de oralidad.

El diario de mi vida

La estrategia hace parte del enfoque Biográfico-Narrativo porque implica desarrollar aspectos biográficos y autobiográficos de quien lo escribe. Su elaboración es periódica, secuencial, cronológica y una de sus grandes características es su privacidad, ya que allí se plasman acontecimientos personales, íntimos.

Con esta estrategia se propone dinamizar la memoria a corto plazo. Por tanto, busca que los estudiantes referencien y registren día a día aquello significativo que pasa, lo que acontece en su vida. El docente comienza narrando qué le sucedió ayer, esta semana, durante estos últimos tres días y pone ante los estudiantes algunos ejemplos con el fin de que ellos mismos tomen la decisión de narrar.

El objetivo en cuanto a resultado material del proceso es que los estudiantes hagan su propio diario en el que narren, con entera libertad, esos pasajes destacados. Narran desde el momento en que salieron de la casa, cuando llegaron al colegio, —hay casos en los que cuentan cuando los atracaron en el camino—, cuando se encontraron con sus profesores, la alegría del descanso, sus resultados académicos, las situaciones difíciles en alguna evaluación o presentación de un trabajo, el regreso a casa, su hora de almuerzo, los oficios de la casa. En algunos se nota la variedad de hechos, de sucesos, y en otros se ve la rutina.

Los estudiantes intercambian escritos, los comparten, se comunican entre sí, dialogan, se ríen, conversan, demostrando el resultado y los propósitos de narrar relatos de vida en contextos comunicativos. La estrategia culmina con la entrega de un pequeño diario, como texto, como libro.

Domingo 10

Hoy me levanté a las 8:00 a.m, con mis papás nos alistamos, nos fuimos a recoger a una prima para llevarla a la iglesia. Salimos a las 11:00 a.m., desayunamos; luego fuimos a un partido que tenía de liga. Salí de allí y nos fuimos para el cumpleaños de mi abuela, estaban mis tías y primas. Allá comimos, reímos, jugamos y llegamos a la casa como a las nueve de la noche. Me cambié, me acosté y me dormí porque estaba muy cansado.

Por: Diario viajero

El podio de mis personajes

El docente dibuja en el tablero un podium de cinco puestos (según la RAE, expresión latina, *plataforma, tarima, pedestal largo en que estriban varias columnas; allí se coloca a alguien para ponerlo en lugar preeminente por alguna razón, como un triunfo deportivo*), y lo ejemplifica con las competencias deportivas (Fórmula 1, pruebas de atletismo, ciclismo y otras).

Acto seguido se le dice a cada uno de los estudiantes que escriba en cada lugar del podium un personaje que para dicho estudiante representa algo en la vida. Para tal fin se hacen aclaraciones sobre lo que es un personaje: un modelo, un mentor, alguien que deja huella en la humanidad. En este aspecto se difiere un poco sobre lo que es un ídolo, aunque se puede trabajar con ese concepto, procurando que se tome desde el sentido constructivo, como forjador de vida, como ejemplo de proyecto de vida.

Aquí es importante hacer caer en la cuenta al estudiante del por qué a cada personaje se le confiere ese puesto asignado, es decir, por qué X ocupa el primer puesto y no otro, y así sucesivamente con el fin de desarrollar la argumentación por parte del educando.

Luego de llenar el podium en un tiempo planeado por el docente, justificando la actividad, (uno en la vida tiene modelos de vida, personas gratas...), se amplía este proceso pidiéndole a cada alumno que ahora escriba algo junto a ese personaje en el lugar que ocupa, que le dedique unas palabras, escriba las razones por las cuales en medio de tantos personajes que uno tiene, hoy él es recordado mediante esta estrategia.

Con la estrategia se van ampliando los propósitos del enfoque Biográfico-Narrativo en la medida en que los estudiantes combinan el dibujo con el lenguaje. Así, por ejemplo, los estudiantes rompen el silencio preguntando que si su podium lo pueden ilustrar con dibujos, específicamente, de sus personajes. Y se concentran sacando de su ser para poner en contextos comunicativos eso que está guardado, en la intimidad.

De este modo, muestran su podium a medida que el docente va pasando puesto por puesto conversando sobre lo que ellos consideran sus personajes. Asimismo, los estudiantes entre ellos se comunican, dialogan sobre sus elegidos como personajes. Vale aclarar que el docente ha iniciado la actividad desde él, desde sus personajes, como una fórmula para iniciar el ejercicio, especialmente, con sentido de humor.

La estrategia comunicativa se torna tan interesante que el docente, al dialogar con los estudiantes, encuentra las razones, por qué esos personajes y no otros: madre, Dios, amigos, la familia, ídolos deportivos, personajes colectivos, personajes históricos, programas de la televisión, mascotas, su compañero de puesto, equipos de fútbol. Es un ejercicio de toma de decisiones. Preguntan, entre otras cosas, cómo describir a Dios físicamente, "Como usted lo imagine", les respondo. Luego, se desarrolla una actitud de imaginación, de descripción, de embellecimiento con el color de sus personajes, de silencio, de interiorización. A algunos les cuesta más que a otros y esto tiene que ver con su mundo, su entorno de amigos, su entorno familiar. Se presentan casos acerca de cómo empezar a llenar el podium de manera rápida, pero, de un momento a otro se detienen, dudan, se cuestionan. "No conozco a nadie más", dice alguien. Destaco el caso de un personaje, un abuelo, en primer lugar con una copa. "Pongo a mi abuelita de quinto lugar porque hemos tenido problemillas", dice una estudiante.

"En primer lugar mi madre y en segundo lugar mi cucho –abuelo–", confiesa otro alumno.

 La estrategia se complementa. Después de tener listo su podium, cada estudiante crea un relato, un texto libre en donde aparecen dichos personajes. El docente da pautas para que mezclen la ficción con la realidad, trabajen con la misma anécdota. Y es un momento esperado por ellos, tanto así que algunos empiezan su ejercicio de composición en el piso, en donde se encuentren, y se sientan cómodos.

Entre los resultados alcanzados tenemos:

- A los estudiantes les gusta la actividad.

- No hay temores, no se sienten juzgados sino felices contándose entre ellos y con el docente una parte de sus vidas, con una forma diferente de hacerlo.

- Se comunican, dialogan, se muestran sus escritos.

- Desarrollan sus competencias interpersonales, además de la competencia comunicativa porque hablan, se escuchan, leen ante el público y escriben.

- Son sinceros y espontáneos al determinar quiénes son aquellos personajes que hacen parte de su vida.

- Entre los personajes, por orden, que más se destacan, están, en primer lugar Dios y la madre, la familia. Curiosamente, el padre no aparece en esta categoría –son muy pocos quienes lo tienen en ese lugar. A propósito, una chica me dice, "Yo quisiera que mi papá fuera como el profe"–. Y las razones se deducen: los niños en razón de su situación personal, familiar, muchos viven con la mamá; aquí surgen inquietudes en torno del concepto de familia, padre, madre, que los mismos educandos enfrentan, abordan y tratan de solucionar.

- Algunos tienen claro el concepto de familia como un todo, un equipo, la mayoría no.

Las diez cosas materiales de mi vida

Erich Fromm, en su libro *¿Tener o ser?* expone, "Hoy en día se hace hincapié en el consumo, no en la conservación, y adquirir se ha convertido en comprar para deshacerse de las cosas" (1996, p. 79). También afirma que: "Tener es una función normal de la vida: para vivir debemos tener cosas. Además, debemos tenerlas para gozarlas" (Ibid., p. 33).

Esta estrategia busca identificar aquellas cosas materiales que son de su gusto, de su agrado, que convive con ellas. El objetivo es que cada uno haga su propia selección en el cuaderno, las describa mediante una ilustración y escriba por qué ese objeto es imprescindible en su vida.

El papel del docente sigue siendo el de motivador, animador, un incitador, provocador y pone ejemplos cotidianos: el televisor, la ropa, el calzado, un llavero, un libro, el computador.

Y como era de esperarse, los estudiantes comienzan a meditar, a seleccionar en su intimidad, a compartir con su compañero de puesto, a preguntar, a mostrar sus resultados. De esta manera, empiezan a dibujar, a darle una clasificación a su gusto y una explicación a aquellas cosas que hacen parte de la vida de cada uno.

Es llamativo que tanto para los hombres como para las mujeres, los artefactos, el computador, el televisor, la bicicleta, el ipod, el MP3, el celular, el balón, sus zapatos, entre otros, son los elementos materiales que sobresalen en esta selección. Los dibujan, les hacen sus respectivas anotaciones breves del por qué merecen estar entre las diez cosas materiales de su vida. "El celular me permite estar comunicado con mi casa para informar que nada malo me pase", "Con el computador juego, chateo todo el día". Los hombres destacan el balón porque: "Con él juego con mis amigos en el barrio, además quiero ser un jugador del Barcelona".

Como resultado del enfoque Biográfico-Narrativo se logra el objetivo: comunicación asertiva de los estudiantes, diálogo con el profesor, puesta en común de los productos en oralidad, lectura y escritura de los educandos, estado de confianza, seguridad entre ellos mismos, y desde luego, el profesor los conoce cada día más.

Mis valores

Antes de describir la estrategia es conveniente precisar algunas ideas acerca de los valores porque el relato de vida lleva implícito y explícito la formación de la persona en este campo tan necesario en la educación actual en cualquier ciclo.

De este modo, el concepto de valor es tomado como:

> Aquello que está relacionado con la existencia de la persona, afecta su conducta y modela sus ideas y condiciona sus sentimientos; se trata de algo cambiante, dinámico, que, en apariencia hemos elegido libremente entre diversas alternativas (Carreras, et al.2002, p. 20).

Estos mismos autores hacen notables discernimientos acerca del valor en diferentes dimensiones.

- La confianza como valor (ibid., p. 113): ser sinceros, decir la verdad aunque duela, ser espontáneos en pensamientos y sentimientos, respetarse y respetar, ser dialogantes, pactar las normas de disciplina y convivencia con flexibilidad y tolerancia. ¿Cómo se ha visto esto a lo largo del desarrollo del relato de vida como estrategia comunicativa? Todo empieza por la generación de un clima de trabajo entre las partes.

- La autoestima como valor (ibid., p. 127): es el concepto que tenemos de nuestra valía personal y de nuestra capacidad para comparar las cualidades positivas con el fin de favorecer la autosuperación, ensalzar las actitudes positivas de alguien ante el grupo, ver el lado positivo de cada situación y descubrir la capacidad de superación de cada persona. Durante la aplicación del relato de vida el propósito ha sido elevar, aumentar la autoestima para que el educando asuma los retos del presente.

- El respeto como valor (Ibid., p. 199): el respeto se considera como la conservación, atención, diferencia o miramiento que se debe a una persona. Es el sentimiento que lleva a reconocer los derechos y la dignidad del otro [...] Y por el hecho de ser personas, siempre seremos más importantes que cualquier cosa, por valiosa que sea, lo cual nos infundirá gran respeto por la dignidad humana. En el caso de nuestra experiencia, a medida que el grupo se va conociendo y el docente hace lo mismo con ellos, este valor se vuelve más cotidiano, más sincero, lo cual se nota en la forma como los jóvenes se tratan cuando pasan a hablar en público, cuando leen, cuando producen sus escritos e intercambian sus materiales.

- La amistad como valor (Ibid., p. 179): se puede definir como un afecto personal puro y desinteresado, ordinariamente recíproco que nace y se fortalece en el trato. Los autores consideran que los cimientos de la verdadera amistad son la sinceridad, la generosidad y el afecto mutuo. Vale la pena destacar que, con muy contadas excepciones, los grupos de estudiantes seleccionados en esta investigación vienen juntos desde sexto grado y la relación entre ellos destaca esas cualidades.

- El compartir como valor (Ibid., p. 125): para los autores compartir es dar y saber recibir, ofrecer y aceptar a las personas, manifestar y comprender ideas y sentimientos, cooperar en actividades y admitir la cooperación, ser solidarios con todos sin prejuicios. Obviamente, esa ha sido una constante en la secuencia expuesta con el relato de vida, particularmente con los procesos de oralidad, lectura y escritura.

- El diálogo como valor (Ibid., p. 95): entre las pautas para lograr un buen diálogo, los autores plantean el deseo de participación, la serenidad y la tranquilidad, el afecto y la simpatía, la naturalidad y fluidez, la flexibilidad y la tolerancia, entre otros. Por lo tanto, como se ve en el recorrido del relato de vida, los estudiantes han avanzado con el diálogo entre ellos y entre ellos y el docente. El ideal es que mantengan ese valor, no sólo hasta cuando terminen su bachillerato, sino en su vida universitaria, laboral y profesional.

- La creatividad como valor (Ibid.,p. 144): es claro que con el relato de vida, desarrollando la oralidad, escucha, lectura y escritura, según las evidencias plasmadas en esta investigación-experiencia, los estudiantes han puesto en práctica su creatividad ya que han sido estimulados en la imaginación, la curiosidad, la fantasía, la realidad, la espontaneidad. Los autores lo refuerzan, "Si les facilitamos la experiencia de saber que ser uno mismo, trazar su propio camino y no someterse al qué dirán, siempre entraña dificultades pero vale la pena para ser felizmente creativo" (Ibídem.).

El profesor, en el tablero, sugiere un multigrama (derivación de palabras a partir de una palabra dada), una sopa de letras o un crucigrama previa explicación de este concepto, y escribe, a manera de ejemplo una palabra para que a partir de ella, que corresponde a un valor, cada estudiante vaya derivando o ramificando nuevas palabras relacionadas con los valores que el estudiante cree que tiene, vive, vivencia y promueve, pone en contexto.

La estrategia busca afianzar la comunicación de y entre los estudiantes con base en lo que cada compañero cree que tiene como valores. De tal manera, se propicia la interacción, se abren diálogos, y entre ellos mismos se comentan sus propios valores que consideran que tienen como modelo de vida.

En cuanto a la producción escrita, los estudiantes explican en un breve texto por qué creen que tienen esos valores. Además, el proceso de elaboración permite esa búsqueda de palabras, la derivación y composición de las mismas, la aplicación de la ortografía, y lo más importante, cada cual elabora su multigrama de una manera cuidadosa, siempre a partir de borradores iniciales.

Mis cualidades como persona

Se entiende el concepto de persona como un ser racional y consciente de sí mismo, como alguien singular, con su propia identidad, con su propia inteligencia y desarrollo humano, con unas cualidades particulares; esas cualidades pueden ser valores, principios, axiomas, actitudes de esa persona y de nadie más.

Esta estrategia se complementa con la anterior en la medida en que promueve, fomenta y ausculta en el estudiante unas cualidades (siempre se trabaja más con fortalezas que con debilidades) que elevan su autoestima y amplía la comunicación con sus compañeros, pues, en la mayoría de las estrategias planteadas, se busca poner en común lo que se escribe.

Dado un listado de cualidades del ser humano, el estudiante, desde su yo, su interioridad, su reflexión, teniendo en cuenta su propia vivencia de esta cualidad, se autoevalúa dándole un valor de tres como el máximo puntaje a cada una, y uno al valor mínimo. Se reflexiona de manera individual, luego con sus compañeros, comparan resultados y se autocuestionan en aquellos puntos donde se presentan puntajes menores de tres. De esta manera, el estudiante enriquece más su perfil como persona, se proyecta como ciudadano, y a partir de la autovaloración, se propone metas de mejoramiento. Curiosamente, algunos estudiantes me preguntan sobre cuánto les daría en determinado aspecto, ya que según ellos, "Usted ya me conoce".

Nombre

Curso o grupo

No.	CUALIDAD	1	2	3
1	Es feliz			
2	Saber ahorrar			
3	Tiene capacidad de sacrificio			
4	Sabe seguir instrucciones			
5	Aprovecha el tiempo			
6	Soluciona conflictos			
7	Quiere a su ciudad			
8	Manifiesta alegría			
9	Manifiesta vitalidad			
10	Manifiesta buen sentido del humor			
11	Es optimista			
12	Se interesa por saber, por el estudio			
13	Se interesa por descubrir			
14	Piensa y reflexiona para decidir			
15	Se considera inteligente			
16	Tiene claridad en sus ideas			
17	Juzga de manera objetiva			
18	Tiene metas claras en su vida			
19	Se convence de lo que hace			
20	Manifiesta seguridad			
21	Se considera persona auténtica			
22	Es prudente			
23	Sabe tomar decisiones			
24	Sabe arriesgarse			
25	Es persona equilibrada			
26	Tiene autocontrol			
27	Manifiesta responsabilidad			
28	Manifiesta puntualidad			
29	Es organizado			

30	Es constante, persistente en la búsqueda de sus metas			
31	Se empeña en conseguir lo que quiere			
32	Se esmera por hacer las cosas			
33	Tiene carácter			
34	Manifiesta sencillez			
35	Manifiesta humildad			
36	Manifiesta valentía			
37	Manifiesta rectitud moral			
38	Es honrado			
39	Se caracteriza por ser justo			
40	Defiende la justicia			
41	Manifiesta interés por el bien común			
42	Ama su patria			
43	Aplica lo que aprende			
44	Manifiesta buena conducta			
45	Es reflexivo			
46	Tiene gusto por la limpieza			
47	Manifiesta orden en las cosas			
48	Tiene espíritu deportivo			
49	Manifiesta compañerismo			
50	Manifiesta actitud de respeto			
51	Se hace respetar			
52	Acepta con buen gusto al otro			
53	Es sincero			
54	Es solidario			
55	Piensa en el bien del otro			
56	Critica de manera constructiva			
57	Es tolerante			
58	Sabe manifestar paciencia			
59	Comprende situaciones			
60	Sabe pedir excusas			
61	Sabe estimar y reconocer			
62	Es equilibrado al elogiar			

63	Es bondadoso			
64	Sonríe con respeto y discreción			
65	Es educado y culto			
66	Es acomedido			
67	Ayuda con gusto			
68	Manifiesta actitud de amistad			
69	Sabe hacer una invitación			
70	Manifiesta actitud de apertura			
71	Es expresivo			
72	Es acogedor			
73	Llega con facilidad al grupo			
74	Manifiesta afecto y cariño			
75	Es oportuno			
76	Se caracteriza por su discreción			
77	Es considerado			
78	Es detallista			
79	Sabe ceder para contribuir			
80	No gusta de pelear			
81	Es desinteresado			
82	Es agradecido			
83	Sabe perdonar			
84	Cuida sus cosas			
85	Le gusta compartir			
86	Es generoso			
87	Presta con amabilidad			
88	Devuelve y paga a tiempo			
89	Obsequia según circunstancias			
90	Ama la naturaleza			
91	Cuida su entorno			
92	Cuida su cuerpo y su salud			
93	Se cuida de no caer en vicios			
94	Ama los animales			
95	Cuida las plantas			

96	Tiene fe en lo que cree			
97	Manifiesta y respeta creencias religiosas, políticas y otras.			
98	Manifiesta caridad			
99	Colabora con campañas institucionales			
100	Se preocupa por los más necesitados			
101	Manifiesta actitud de respeto por el sexo			
102	Es crítico y reflexivo ante lo que dicen los medios de comunicación			
103	Valora los aportes de la ciencia y la tecnología			
104	Aplica de manera apropiada la tecnología			
105	Se sabe comportar en cualquier escenario público o privado			
106	Sabe trabajar y vivir en grupo			
107	Tiene liderazgo			
108	Sabe dirigir y coordinar			
109	Sabe desempeñarse de manera independiente			
110	Asume las órdenes			
111	Sabe desempeñarse en su libertad			
112	Es creativo			
113	Es original			
114	Se considera buen hijo			
115	Se considera buen ciudadano			
116	Tiene gusto por el arte			
117	Le gusta compartir en familia			
118	Sabe enfrentar dificultades			
119	Se interesa por los problemas del mundo			
120	Se preocupa por los problemas de su país			

La función de la estrategia es clara: conocer al estudiante de hoy, esa persona que vive en un mundo inmerso de desigualdades, de crisis de valores, de carencia de principios, y una educación que enriquezca estos aspectos, logra su propósito: ayudar a emancipar a la persona. Por tal motivo, como estrategia, se destaca cuando los estudiantes comparten su test, dialogan, se postulan para leer su autoevaluación en público.

¿Qué sé hacer muy bien?, ¿qué me gusta hacer?

Aprender a conocer y aprender a hacer, son, en gran medida, indisolubles. Pero
la segunda está más estrechamente relacionada, vinculada a la cuestión profesional: ¿cómo enseñar al alumno a poner en práctica sus conocimientos y, al mismo
tiempo, cómo adaptar la enseñanza al futuro mercado del trabajo, cuya evolución
no es totalmente previsible? Ya no puede darse a la expresión "aprender a hacer" el
significado simple que tenía cuando se trataba de preparar a alguien para una tarea
material [...] Se tiende a privilegiar la competencia profesional (Delors, J. et al.,1996,
pp. 99-100).

Lo anterior orienta el sentido del relato de vida aplicado con esta estrategia, basados en las preguntas dadas. El objetivo es perfilar el camino que el estudiante debe labrar de cara a verse como profesional
en el siglo XXI. El papel del docente es el de detectar y contribuir a
potenciar esas capacidades y habilidades del educando por medio de
la oralidad, la lectura y la escritura con el relato de vida.

Esta estrategia también es individual, cada estudiante pasa adelante y
nos comunica sus habilidades, sus destrezas, sus gustos, sus aptitudes. El
tiempo es de dos minutos para resolver de manera coherente y particular
cómo hacen las cosas con base en las preguntas orientadoras. Con ella se
busca diagnosticar sus inquietudes hacia su proyecto de vida, procurando que aquello que hacen muy bien, lo profundicen, lo perfeccionen.

- En primer lugar, siempre hay postulantes para pasar adelante y leer
  su texto o para decirlo en forma oral. Es una de las fortalezas de la
  estrategia, de este enfoque, que va poco a poco relacionando la
  comunicación con el entorno del individuo, con su presente.

- Toman como ejemplo lo que hace su familia (mamá, papá, abuelito, hermano…), y cómo lo han aprendido de ellos. "Mi mamá trabaja en cosas de pintura, por eso me gusta pintar". "En la casa me apoyan". "Mi hermana me está enseñando a usar el bolillo, es policía". "Mi hermana me enseñó a hacer arroz chino" (y explica la receta ante el público). "Mi mamá me enseñó fommy". Algunos se califican como buenos estudiantes y bailarines. Gustan de la música rock, la salsa, jugar Xbox, chatear, escuchar música a todo volumen. La actividad de leer se destaca en estudiantes, quienes comentan los libros que han leído, y que leen en su tiempo libre.

- Relacionan lo que saben con sus amigos y compañeros de curso o de barrio, "Me gusta jugar con José y a veces con Jota".

- Entre lo que más se destaca es el verbo jugar (el fútbol, es el deporte que más practican los hombres), salir a caminar, elevar cometas en agosto, los videojuegos, pasear con su familiar más cercano, ver Los Simpson, "Hago las tareas cuando las entiendo".

- La comida es algo que sobresale en los participantes: lo aprenden de la familia, especialmente de la madre o de la abuela: preparar lengua en salsa, tortas que hace su papá en la panadería.

- El resultado de lo que saben hacer muy bien a algunos los ha llevado a destacarse en torneos. "Llevo dos años y ya he ganado cuatro medallas".

- Como los amigos de la cuadra "me invitan a jugar".

- Todo esto fomenta que ellos se conozcan entre sí, sus habilidades como seres humanos, en un contexto como grupo generacional, y entre ellos mismos se aplauden, se felicitan, se comunican, pierden los temores para decir ante el público quiénes son y qué saben hacer muy bien. Recordemos que el profesor ha iniciado con las habilidades de cada uno, así como se ha puesto como ejemplo ante ellos diciéndoles qué sabe hacer muy bien: le gusta cocinar pescado, escribir, leer constantemente.

- Como acto comunicativo de poner en contexto pasajes de la vida relacionados con aquello que se sabe hacer, sobresale el reconocimiento al avance del proceso de las relaciones interpersonales, cuando los estudiantes como auditorio escuchan y comparan habilidades entre ellos mismos. Es un momento muy interesante porque se logra el objetivo de acercar más el grupo desde lo individual hacia lo colectivo.

- El aplauso es un estímulo, es un reconocimiento entre ellos mismos.

Mi carrera profesional

La orientación profesional, que permite escoger entre diferentes ramas, no debería cerrar las puertas a opciones ulteriores [...] Los sistemas educativos deberían ser suficientemente flexibles para tener en cuenta las diferencias individuales. La escuela debe llegar a hacerse una idea fidedigna del potencial de cada uno de sus alumnos, y, en la medida posible, sería necesario que hubiera orientadores profesionales disponibles para facilitar la elección del ámbito de estudios (Delors, Op.cit. p,147).

Ese es uno de los propósitos del enfoque Biográfico-Narrativo aplicado con diferentes estrategias comunicativas: colaborar, aportar elementos para que el educando reconozca, identifique su potencial, su talento, sus competencias, de tal manera que le sirva para saber discernir sobre qué es lo que sabe hacer y qué es lo que le gusta hacer y cuál sería el camino, la ruta que le marcaría su vida con la elección de una carrera, arte, profesión u oficio.

Mediante esta estrategia el docente busca que los estudiantes desde temprana edad sueñen, construyan sus ideales, que más tarde, con otra estrategia, se articulen con el proyecto de vida. Así, en esta fase, los estudiantes simplemente hablan, escriben y comentan sobre lo que quieren ser en su vida. Para tal fin, el docente los anima con una breve presentación del mundo profesional, de las universidades, del campo de acción de algunas de estas profesiones. Enfatiza cómo el profesional del siglo XXI debe ser competente, tener habilidades y destrezas, dominar idiomas, ser rico en valores.

Para complementar tal actividad les entrega un escrito suyo titulado: *El profesional del siglo XXI*. A partir de la lectura, interpretación y explicación de dicho documento, los estudiantes preguntan, se motivan, se animan a elegir su posible carrera.

El docente les da un tiempo prudente para que reflexionen, aclaren dudas, —alguien pregunta: ¿cómo se les llama a los que atienden los partos?; la idea iba más por el lado del médico obstetra—. Después de unos momentos, cada estudiante pasa al tablero y escribe su profesión, la de sus sueños. Poco a poco se va extendiendo el mundo de las profesiones y el tablero se divide en varios grupos de carreras en las que sobresalen medicina, derecho, azafata, idiomas, sicólogo, veterinarios, patinadores, deportistas, empresarios, entre otros. Como caso preciso, los mismos educandos preguntan, después de llenar el tablero, "¿Quién dijo azafata?", "¿Quién quiere ser veterinario?", ante lo cual el aludido o la aludida responde, "Yo", demostrando su singularidad, su autoestima, su personalidad, su sueño, su toma de decisiones.

Esta estrategia abre el camino para lo que más tarde será el proyecto de vida; en consecuencia, simplemente se queda en la sensibilización con el fin de que el estudiante llegue a casa y lo comente con sus padres y de esta manera amplíe el horizonte comunicativo.

El documento *El profesional del siglo del siglo XXI*, les orienta acerca de los retos de la vida, lo que implica ser profesional hoy —el texto no habla de empleado—, y los invita a ser propositivos, a tomar decisiones. Se genera discusión, comunicación, relaciones interpersonales. Por eso, se entrega este texto como un aporte, una contribución para la discusión en torno de la formación académica y laboral de los estudiantes.

El profesional del siglo XXI

Armando Montealegre Aguilar

El profesional del siglo XXI deberá tener un sinnúmero de cualidades acordes con los movimientos y la dinámica que ha dado el mundo. Los tiempos son otros, por tanto, la capacidad de movilidad y adaptabilidad serán constantes que harán parte de los retos para el profesional de la nueva era. Así, por ejemplo, la capacidad que debe desarrollar el individuo frente a los requisitos laborales, las oportunidades de emplearse –tan escasas–, las formas de cómo trabajar en el nuevo milenio, la remuneración, la inserción de la tecnología, entre otros, son algunos de los aspectos de un milenio acelerado y exigente.

Peter Drucker, connotado especialista en *management*, le plantea al hombre no basar el desempeño en las debilidades y mucho menos en lo que la persona cree que es incapaz de hacer. Es decir, para el ser humano, máxime el profesional del siglo XXI, es imperioso aprender a manejarse así mismo, a partir, fundamentalmente, del reconocimiento e identificación de las fortalezas que posee. ¿Cuáles son mis fortalezas? La respuesta conduce a afianzar al individuo en sus aptitudes con el fin de optimizar los resultados. En otras palabras, una forma de tener claro dominio de la autoestima –lo que es capaz de hacer muy bien– se deduce a partir de autocuestionamientos, como por ejemplo, ¿cómo hago las cosas?, ¿cómo trabajo y cuál es mi relación con los demás?, ¿los que me rodean son optimistas, pesimistas?, ¿tengo un buen nivel de decisión para demostrar que sí puedo con la responsabilidad en el nuevo cargo?

Por otra parte, el nuevo profesional requiere desempeñarse con un alto nivel en lo académico y en lo axiológico. El pregrado es lo mínimo, razón por la cual se exige estar en permanente contacto con nuevos aprendizajes y por supuesto, con novedosas formas de aprender en el menor tiempo posible manifestando a diario loables procesos creativos. Así, dicho profesional debe ser un eficiente comunicador en su lengua materna y por lo menos en una extranjera. También, y muy importante, desarrollar y poner en práctica un alto nivel de lectura y escritura, compartir conocimientos, estar inmerso en la conectividad mediante el uso de las nuevas tecnologías, el habla, la redacción, la escucha, la interpretación crítica de los medios de comunicación, la agilidad para el cálculo matemático, el liderazgo y su interacción con el entorno social y natural –el desarrollo humano integral y sustentable–, la planificación sistemática del diario vivir, la cooperación con los demás, el crecimiento de la personalidad y la actitud investigativa y de búsqueda.

Es preciso recordar de nuevo a Drucker cuando expone cómo aprendemos a hacer las cosas y cita, entre otras, las siguientes, demostrando que no hay una sola: escribiendo, tomando notas, hablando, escuchándose hablar. Lo anterior nos invita a reconocer que el conocimiento hoy es pasajero, aunque está disponible a todo instante, es válido por un tiempo. Entonces, el *benchmarking* es una necesidad diaria no sólo del individuo como persona sino como ser colectivo, como miembro de una organización, que tenga la fortaleza de asumir una actitud permanente de cambio con metas y objetivos claros para su mejoramiento continuo.

Sin embargo, cuidado, no todo es trabajo. Jefrey J. Fox en *Cómo llegar a ser gerente: reglas para ascender a la cima de una organización*, enfatiza que, "Su cuerpo le ayudará a hacer dinero, pero, su cuerpo es la residencia de su cerebro. Mientras mejor sea su condición física, mayor será su capacidad de trabajo para realizar un trabajo productivo". Habla también de disfrutar las vacaciones, leer, caminar, recrearse, hablar con los amigos, hacer deporte, no llevar trabajo para la casa, compartir con la familia, acudir al médico, al odontólogo, tener una vida espiritual acorde con las convicciones. Todo esto hará del profesional del milenio que ya está andando, una persona con calidad de vida.

Sí, la fe y las ideas mueven montañas, pero estas no se mueven solas. Solamente un profesional emprendedor, insaciable por aprender, lleno de utopías, de sueños, que sea capaz de innovar, transformar, puede hacerlo. Y usted es uno de ellos. Hay que buscar muchas alternativas para que el profesional del siglo XXI sea una persona de éxito respondiéndose la pregunta: ¿qué hago con lo que aprendo?

Mi proyecto de vida,
¿cómo me veo en el 2020?

Esta estrategia busca ser proyectiva, provocar en el estudiante su pro-actividad de cara al futuro, según su proyecto de vida. Fomenta y amplía el horizonte del estudiante y su razón de ser y de estudiar hoy para verse como profesional, como ciudadano mañana. Al respecto, y para tener claridad sobre lo que es un proyecto de vida, Inés Barrios (1999) considera que:

> El joven puede aprender a proyectarse pensando en sí mismo, conociendo sus talentos, capacidades, habilidades e identificando sus limitaciones y deficiencias. El clarificar que su presente y futuro depende de cómo actúe, de las decisiones que opte por elegir, no de los demás, ni del destino ni de la suerte (p. 80).

En el proyecto de vida se materializa la secuencia llevada a cabo con el aporte, la contribución que hace el relato de vida como estrategia comunicativa. Allí se resume lo familiar, lo emocional, lo social, lo personal, lo económico, lo educativo y muchos otros aspectos necesarios para empezar a construir un proyecto de vida.

La estrategia se inicia cuando el docente escribe una pregunta en el tablero: *¿Qué estoy haciendo hoy 20 de mayo del 2020?*[9] Con esta pregunta los invita a hacer un diario, una narración de qué hace hoy, después de haber pasado por el colegio, por la universidad, según la edad, cuáles son sus relaciones personales, familiares, sociales, profesionales, empresariales, cómo llegó a ser lo que es.

Con la estrategia el educando escribe su diario entre la ficción y la realidad: por el momento se busca que dé rienda suelta a su imagina-

---

9. Se sugiere dar una fecha estimada en diez años de distancia entre el hoy y el mañana.

ción, a su proyecto de vida, según sus fortalezas, según aquello en lo que se destaca. Al redactar, y por supuesto, pasar a leer ante el público, el auditorio conoce un poco más a la persona, le identifica sus anhelos, sus potencialidades; en algunos casos, hay risas, pero es una risa de confianza, de compañerismo al ver la intrepidez de muchos de ellos.

El profesor lanza ideas acerca de las cualidades de algunos estudiantes, y les plantea cómo los vería después de diez años o más. Entre los procesos de escritura (generalmente se escribe y se registra en el cuaderno de clase) hay estudiantes para esa época solteros, otros casados, otros ayudando a sus padres, otros en el exterior, otros visitando a sus compañeros de colegio, de universidad.

La estrategia se apoya en la matriz DOFA para que el joven se cuestione cómo está hoy para alcanzar mañana ese sueño, ese ideal. Por consiguiente, la matriz le ayuda a poner los pies en la tierra, pues, siempre se les insiste en que para alcanzar el éxito, éste no llega de la noche a la mañana, debemos construirlo desde hoy, con base en las fortalezas que tiene cada cual.

Bueno, pues han transcurrido 11 años, ya habré terminado el colegio, pues era una de mis grandes metas, ya habré terminado mi carrera de Derecho, que era mi gran sueño. El 19 de mayo del año 2020 me levanto a las 5:30 de la mañana, me baño, es bueno quitar la pereza, me pongo ropa adecuada para ir al gimnasio una hora, pues mi entrenador me espera para comenzar mi rutina que he hecho siempre...

Bueno, terminé mi jornada del gimnasio, dejo a mi entrenador, cojo mi camioneta y me devuelvo para mi casa, pues cuando salí dejé a mi marido durmiendo y mis dos hijos, al llegar, ya estaban levantados, bañados, listos para ir a estudiar. La señora que nos ayuda en los quehaceres

de la casa me les estaba alistando las oncecitas para
que la ruta se los lleve...

Mi esposo salió para su empresa donde lo estaban es-
perando unos gringos para cerrar un negocio, mientras
tanto yo estaba en mi empresa de abogados ayudando
a una adolescente que quería demandar a su padre por
abandono; a las diez de la mañana salí para la Fisca-
lía a ayudar a una señora que está atemorizada porque
su marido es un salvaje ya que la maltrató por sólo
decirle que le diera la plata para darles de comer a sus
dos hijas de nueve y tres años...

Por: Soñadora

Mis aspiraciones primarias para el 2020 serían poder jugar
fútbol en el exterior, en Europa, para ser más específico,
puesto que en ese año ya debo tener como siete años jugando en el fútbol profesional.

Aspiro tapar en un club importante, ya sea de Inglaterra
o de España aunque aceptaría cualquier propuesta que me
ofreciera un club; tendría un buen salario y estaría estable en algún país. También me gustaría ser llamado a la
selección Colombia y ubicarme en la posición titular en el
arco, ya tendría varias convocatorias a la selección Colombia, pero ese sería decisivo, estaría jugando las eliminato-
rias del Mundial del 2022...

También debo haber terminado mis estudios de ingeniería
civil., que sería mi carrera secundaria luego de retirarme
del fútbol a los 35 o 40 años...Ese año viajaré a Colombia
a visitar a mi familia y la de mi esposa y de una vez me
concentraré con la selección Colombia...

Por: Gran Hombre

Ahora, un caso de confrontación con la matriz DOFA

Fortalezas	Debilidades
· Tengo buenos proyectos para el futuro. · Tengo aspiraciones que espero cumplir. · Soy ahorrativo. · Me va bien académicamente.	· En este momento no tengo suficiente dinero. · No cuento con la planta física. · A veces mi irresponsabilidad no me deja ser cumplido. · A veces soy agresivo.
Amenazas	Oportunidades
· Las otras empresas, la competencia. · No tener contractos dispuestos a colaborarme. · La envidia y la avaricia.	· Abrir contactos en otros lugares. · Miembros de la familia que viven en otros lugares.

Por: Sueños alcanzables

Es importante entrar a confrontar el ideal con la realidad. En otras palabras, el estudiante debe ponerse al descubierto cuestionándose qué cualidades y fortalezas tiene hoy, para llegar a ese nivel de vida que se propone en el mañana.

Para tal fin, la matriz DOFA permite redireccionar en muchos aspectos el rumbo que hoy se han trazado, a través de un plan de acción para no dejar morir sus sueños, esos mismos que comunicó a sus compañeros y que ahora deben tener también ese grado de información, de dominio, de suficiencia cuando lo exponga nuevamente ante el público.

Mi libro

La materialización de esta experiencia investigativa, en su parte escrita, es la producción de textos de los estudiantes que se compilan en un pequeño libro elaborado por ellos mismos. Es una forma de hacerle un seguimiento a lo que día a día escriben como resultado de sus relatos de vida.

De este modo, a cada estudiante se le sugiere hacer un libro con sus relatos. En tal sentido, ellos mismos se encargan de ir poco a poco en ese proceso de construcción de sus propias historias. Ellos mismos sugieren los diseños de sus carátulas, sus dedicatorias, sus capítulos. Se detecta un gusto por lo que se escribe y, por supuesto, por la escritura; el proceso de escribir es agradable, encantador, esperan sorprender a sus compañeros con su obra. En ese sentido, llegado el momento de su exhibición en un evento institucional, es indispensable destacar, valorar el arriesgarse a escribir, a publicar. Por ello, es importante sugerir que la producción escrita se muestre a final de año, con el fin de que se tenga el tiempo indispensable a lo largo del calendario para poner en contexto ese producto escritural.

En el momento de exhibición, se le sugiere a la comunidad que cada lector escriba, en un papel dejado en cada libro, un comentario breve, unas ideas alusivas a la obra o libro que leen. Es una forma de escribir para ser leído, es una forma de demostrar que el autor conversa con un lector, que le dice algo a alguien, y que ese lector puede ser transformado, impactado por lo que lee. De esta manera, el autor, cuando el libro vuelve a sus manos, se comunicará con sus lectores, reflexionará sobre lo que le escribieron.

¿Quiénes son los autores de la vida? Es una pregunta la cual me he hecho siempre, ¿quiénes son estas personas?, ¿dónde están?, ¿cuáles son sus historias? Pues al fin, después de tanto buscar encontré las respuestas a mis preguntas en un libro llamado "La vida cotidiana".

Si nos detenemos por un segundo a pensar en la vida y en todos los sucesos o acontecimientos de ella, nos podemos dar cuenta de que nosotros somos los encargados de conformar la vida y de ser los autores de ella. Tú creas, le das sentido y diriges tu vida. Te recomiendo que leas, pienses muy bien en esta oración, "no dejes que el destino se encargue de tu vida, tú encárgate del destino de tu vida".

Con este libro quiero que sepas que la vida es muy importante como para que la malgastes y desperdicies. Busca las mejores metas para tu vida, realízalas y te aseguro que al final de tu vida te sentirás pleno y orgulloso de lo que fuiste, de lo que eres y de lo que serás.

Por: Vivir la vida

¿Qué se deduce de este escrito? Primero, esto no se logró de la noche a la mañana. Hay un proceso, un hilo conductor: el amor por la vida. Es su visión de mundo, es su aprehensión por la gramática, la ortografía, la lengua española, la intención comunicativa de decir algo a alguien, de dar a conocer su experiencia de vida, su relato de vida. Se ha comunicado con un público, con sus lectores. La carátula dice y expresa su amor por los libros, por la literatura, por la escritura, por hacer las cosas bien, de la mejor manera.

Un texto escrito por un lector dice así en uno de los libros de los estudiantes:

El libro es interesante. Relata muy bien las historias expresándose de manera clara y coherente haciendo que el lector se entretenga. Con cariño.

En términos generales, ¿qué se deduce? Entre otras cosas, esa capacidad de comunicar y comunicarse. El perfil ideológico que les ha dado la vida, y que se atreven a contar en su libro. El proyecto de vida será una realidad porque ante todo, hay deseo, pasión, gusto, y un principio de espiritualidad muy grande que siempre los acompaña. Son personas, seres históricos porque hacen historia, con una autoestima, que, aunque aparezcan dificultades, siempre tendrán el empuje, el coraje para salir de los momentos difíciles. Estoy convencido de que a las preguntas que se hacen, poco a poco les irán encontrando valiosas y positivas respuestas.

Son jóvenes encantados con la vida, que le ven sentido y significado a lo que hacen en la escuela, pues, entre otras cosas, lo hacen bien, son expresivos, alegres, deseosos de participar, de comunicar algo ante el curso. Se nota también ese hilo conductor en donde siempre hay un personaje que sobresale a lo largo de estos relatos: la madre, esa mujer de empuje a quien se le debe la vida.

Resultados pedagógicos y educativos

Este capítulo resume los resultados en relación con el desarrollo de la pregunta inicial que teje esta obra. En otras palabras, cómo a lo largo de la aplicación de las estrategias propuestas en este trabajo, los estudiantes mejoran los niveles de comunicación entre ellos, entre ellos y el docente, entre ellos y la familia, y cómo esto incide en un mejor conocimiento del grupo y en el gusto por el aprendizaje.

Por eso la comunicación vista desde la oralidad, la lectura y la escritura, y junto a estas habilidades, la escucha, los resultados se sintetizan en este esquema de síntesis, en donde se resalta que dichos alcances se materializan en el reconocimiento de los estudiantes como protagonistas del aprendizaje, y en que desde un hilo conductor –en este caso el enfoque Biográfico-Narrativo con un conjunto de estrategias comunicativas– se obtienen argumentos más prácticos y vivenciales para contribuir al mejoramiento de las relaciones interpersonales e intrapersonales de los educandos y, que se predispongan con mejor actitud para el aprendizaje.

La siguiente matriz sintetiza los resultados:

Oralidad	Escritura y lectura	Efectos en el aprendizaje
¿Qué narran los estudiantes cuando hablan de su vida, de sus gustos, de lo que saben hacer y les gusta hacer?	¿Sobre qué aspectos de su vida escriben los estudiantes cuando redactan la autobiografía con diferentes estrategias?	¿A qué grado de conocimiento de los estudiantes llega el maestro cuando escucha y lee a sus alumnos?
Salir con sus amigos, dibujar, chatear, jugar Xbox, aprenden cosas, manualidades de los familiares, especialmente de la mamá, abuelita, aprenden a cocinar con sus respetivas recetas, hacer deporte, bailar, todo lo que se trate de música, el fommy, escribir canciones, tareas muy poco (cuando las entiendo las hago), ser divertido, ayudar en la casa, soy malgeniada, me gustan Los Simpson, salir a la Ciclovía, molestar, ser sincero, dormir.	Juegos, aventuras con familiares, amigos, sus regalos, sus travesuras, los problemas entre papá y mamá, situaciones laborales de sus padres, sus peleas con compañeros, sus amores de niños, viajes, su barrio, su colegio, situaciones de dolor, el sentido de humor al nacer y empezar a vivir, el paso por los diferentes cursos, sus triunfos, el cuidado en manos de otros familiares cuando los papás trabajan, la convivencia escolar, los momentos difíciles de su vida.	Ellos mismos piden silencio, se hacen respetar. Los niños se dan a conocer ante su grupo. Aprenden a respetar a quien habla. Se fomentan las relaciones interpersonales. El maestro tiene más conocimiento del estudiante. Pierden el temor a hablar y a escribir. Disfrutan los espacios en los que ellos son protagonistas activos. Hay comunicación. La convivencia es de amigos, compañeros, de amistad.

Los estudiantes son espontáneos al exponer ideas en público porque todos se reconocen como son. Organizan las ideas para narrar, explicar, comentar. Se pretende que los alumnos mantengan ese nivel de confianza en las demás asignaturas.	Hay avances en la escritura, en el uso de la gramática, la ortografía, en el mejoramiento de la letra. La mayoría de los estudiantes elaboran buenos productos que se convierten en sus propios libros, videos. Juegan con las palabras, con las frases: la escritura es un medio.	El aula es un espacio donde se vivencian los valores, la democracia, los principios. La autoestima influye en el aprendizaje, en querer hacer las cosas de una manera mejor, con criterio de calidad, creatividad, gusto, interés. Hay reconocimiento por parte del padre de familia. El relato de vida es un aporte a la educación, a la didáctica, a la transformación pedagógica. La rúbrica inicial aumenta sus puntajes finales.

Conclusiones

¿Qué hay en el fondo de esta muestra de relatos de vida? Unas personas, seres humanos que viven una realidad, que tienen sus propias vivencias, unas personas que cuentan lo que sienten, lo que viven, lo que los golpea y los entusiasma. Sobre ellos se pueden tener apreciaciones equivocadas y a veces se pueden tomar decisiones apresuradas, sin conocerlos. Por lo tanto, se debe crear estrategias para guiarlos, con el fin de que nos comuniquen y se comuniquen al fomentarles ese clima de confianza como personajes en sus historias.

En estos relatos de vida prima la intencionalidad comunicativa. En ese sentido, en relación con los propósitos de esta obra se concluye que se pueden poner en práctica estrategias tejidas por el enfoque Biográfico-Narrativo en el que los estudiantes, a partir de relatos de vida narrados en forma oral y escrita, puedan mejorar la comunicación y de paso, las relaciones interpersonales para que día a día los educandos, mediante un clima de confianza y respeto, y con una alta dosis de sentido de humor y espontaneidad, se conozcan entre sí y el docente también tenga la oportunidad de un mejor acercamiento a ellos como personas.

En cuanto a la propuesta de trabajar el relato de vida con diferentes estrategias comunicativas, representa un aporte didáctico, metodológico, con sus soportes teórico y experimental para enriquecer la práctica pedagógica y por ende, el aprendizaje por parte de los estudiantes. Cada docente, puede hacer uso de ellas a su manera, replicarlas según los contextos y necesidades en que se desenvuelva.

Es conveniente ver la transversalidad que propone esta obra, pues, desde la comunicación —oralidad, lectura y escritura— se aborda a la persona con sus peculiaridades en el gran escenario para ejercer la democracia, como lo son las instituciones educativas. La transversalidad puede ser vista como un diálogo de saberes para comprender a los estudiantes desde las diferentes disciplinas.

Finalmente, ¿qué falta por hacer? Mucho, especialmente en las instituciones, que los maestros se escuchen, compartan y socialicen sus propias experiencias; para esto los centros educativos deben generar esos espacios y esa cultura de la conversación académica, pedagógica, educativa, en las que tales redes enriquezcan la labor docente. La educación está pidiendo transformación pedagógica y esta propuesta contribuye para esas innovaciones de cara a un mundo tan diverso. La clave de la cuestión es que el docente siempre motive, anime, inicie, como lo sugiere el libro, *yo te cuento y tú me cuentas*.

Bibliografía

Abad, F. Héctor (2007), El olvido que seremos. Bogotá, Planeta.

Bader, B. (2004), citado por Daniel Goldin en Nuevas Hojas de Lectura 12. Julio – septiembre 2006. Bogotá, Fundalectura.

Barrios, P. Inés (1999), Jóvenes construyendo su proyecto de vida. Bogotá, Cooperativa Editorial Magisterio.

Bonilla C., Elssy y Rodríguez, Sehk Penélope (2005), Más allá del dilema de los métodos. La investigación en ciencias sociales. Bogotá, Editorial Norma.

Bruner, Jerome (2000), Actos de significado. Más allá de la revolución cognitiva. Madrid, Alianza Editorial.

Cohen, Louis y Manion, Lawrence (1990), Métodos de investigación educativa. Madrid, Editorial La Muralla S.A.

Clandinin, Jean D. y Connelly, F Michael (1995). Relatos de experiencia e Investigación Narrativa, en: Déjame que te cuente. Ensayos sobre narrativa y educación. Barcelona, Laertes.

Delors, Jacques, et al. (1996), La educación encierra un tesoro. Informe a la UNESCO de la Comisión Internacional sobre La educación para el Siglo XXI. Madrid, Santillana, Ediciones ENESCO.

Díaz, B. Frida y Hernández, R. Gerardo (1998), Estrategias docentes para un aprendizaje significativo. Una interpretación constructivista. México, McGraw–Hill.

Díaz, M. Cristhian, J. (2006). El Enfoque Biográfico-Narrativo como estrategia metodológica en los procesos de formación docente. Reflexiones y apartes desde las historias y los relatos de vida [ponencia]. Proyecto de investigación, Tramas y urdimbres de significado: acercamientos comprensivos a la subjetividad docente en el contexto de experiencias escolares significativas. Universidad Pontificia Bolivariana, VIII Jornadas del Maestro Investigador.

Diccionario Espasa de la Real Academia Española (1999).
Madrid, Espasa.

Fromm, Erich (1996), ¿Tener o Ser? México,
Fondo de Cultura Económica.

Fuentes, Juan Luis (2005), Comunicación. Bogotá, Norma.

Godard, Francis y Cabanés, Robert (1995), Uso de las historias de vida en las Ciencias Sociales. Centro de Investigaciones sobre dinámica social, Cuadernos del CIDS, Serie II, Bogotá, Universidad externado de Colombia.

Gómez, B. Roberto (2006), Sin querer queriendo. Bogotá, Aguilar.

Guerra, Wendy (2006), Todos se van. Barcelona, Bruguera.

Kalman, Judith (2003), Escribir en la plaza. México, Fondo de Cultura Económica.

Larrosa, Jorge (1995), Tres imágenes de Paradiso en: Déjame que te cuente, ensayos sobre narrativa y educación. Barcelona, Laertes.

McCourt, Frank (1997), Las cenizas de Ángela. Bogotá, Norma.

Méndez, E. Carlos, A. (2001), Diseño y desarrollo del proceso de investigación. Bogotá, McGraw–Hill.

Montealegre, A. Armando y Moncada R. María Amparo (1999), Comunicación y técnicas docentes: desarrollo de competencias comunicativas. Bogotá, autores editores.

Ong, Walter (1994), Oralidad y escritura. Tecnologías de la palabra. México, Fondo de Cultura Económica.

Prieto, C. Daniel (1993), Educar con sentido. Apuntes sobre el aprendizaje. Universidad Nacional de Cuyo, Mendoza, Argentina.

Vega, C. Renán y Castañeda, Ricardo (1999), Déjenos hablar. Profesores y estudiantes tejen historias orales en el espacio escolar. Bogotá, Universidad Pedagógica Nacional.

Viollet, Catherine (2005), Pequeña cosmogonía de escritos autobiográficos. Génesis y escritura de sí mismo. Revista Archipiélago 69, 23-29.

Zemelman, Hugo (2005), Voluntad de conocer. El sujeto y su pensamiento en el paradigma crítico. Barcelona, Anthropos.

www.diariodelprofe.blogspot.com. Pedagogía y Literatura.

El autor

Armando Montealegre Aguilar (Girardot, Cundinamarca). Filología e idiomas (Universidad Nacional), Especialización en Docencia Universitaria (Universidad El Bosque), Magíster en Docencia (Universidad de La Salle). Docente de la SED y profesor de la Universidad de La Salle. Conferencista, tallerista, dinamizador de jornadas pedagógicas. Director y jurado de trabajos de grado en la Facultad de Ciencias Administrativas y Contables de la Universidad de La Salle. Coautor del E–book *Técnicas de expresión escrita y oral*, autor y profesor del módulo *Cómo exponer un tema* (Universidad de La Salle, colección Apuntes de Clase). También autor para Apuntes de Clase (2010), *Comprensión lectora mediante la técnica de la pregunta* (Universidad de La Salle).

Premio Santillana 2000 con la experiencia, *La cultura del libro, un proceso* (Colegio Sans Façon), Autor de artículos pedagógicos, educativos y literarios en periódicos y revistas. Ha publicado: *Juegos comunicativos: estrategias para desarrollar la lectoescritura* (Cooperativa Editorial Magisterio), *El alegre expreso de Navidad* (Cátedra Pedagógica), *Sietemaravillas* (Cátedra Pedagógica), *Cuentos con sabor a río* (editor), *Comunicación y técnicas docentes: desarrollo de competencias comunicativas* (coautor y editor). Inédito: *Esas metáforas que hacen vivir.*
Correo:armando.montealegre@gmail.com
Blog: www.diariodelprofe.blogspot.com